行动派·自我精进系列

深度学习

Deep Learning

张 旭／著

如何训练成一个很厉害的人

中国法制出版社
CHINA LEGAL PUBLISHING HOUSE

序言

我们有幸生活在这样一个时代

这是一个高速发展的时代。我们每一个人仿佛被旋风裹挟，不由自主地“快”起来。手机上的信息流就像洪水般涌来，令人目不暇接。只要用手指点几下，就能知道几千甚至上万千米外发生的事情。这种获得信息的便利，让我们误以为自己无所不能，知道和掌握了一切。而实际上，我们只是以为自己知道。这种信息的便利，让我们止步于肤浅的认知、肤浅的思考，缺乏有效的行动力。

史蒂夫·乔布斯的名言“Stay foolish”，直译就是“保持愚蠢”。在这个人们好像什么都知道的时代，保持愚蠢恰恰是一种境界。卡内基·梅隆大学机器人研究所所长金出武雄说，要像外行一样思考，像专家一样行动。说的是同一个道理。我们中的许多人实际上正相反，觉得自己什么都懂了，像专家一样，但是行动起来却像外行一般笨拙。他们用最快的速度获得大量的肤浅的知识，然后用最快的速度去忘掉，因为大脑的工作记忆容量有限。

网上到处充斥着“快”的信息。21 天学会写作、7 天减肥 20 斤、工作 2 年月入 10 万元……这些信息都在表达一个“快”字，搞得人们觉得如果不快起来，一切都来不及了。于是人们趋之若鹜地寻找捷径，仿佛这个世界存在一个秘诀，而只要我们掌握了秘诀，就能像芝麻开门一样，瞬间得到一笔巨大的宝藏。于是人们你追我赶，拼命寻找捷径，把时间浪费在自以为有意义的事情上。

《世界是平的》的作者托马斯·弗里德曼说：“世界变化得越快，每个人就越需要放慢速度，夯实足以支持终身学习的教育基础。”有价值的事情一定不能速成，能速成的事情大部分不会太有价值。这个世界并不是一个比智商的世界，谁也不比谁傻很多，谁也不比谁聪明很多。要想获得有价值的技能，我们需要踏踏实实进行深度学习，需要付出时间和精力，需要像外行一样去思考、去努力，需要像专家一样去践行，保持“很傻”的心态和状态。

要想在这个飞速发展的时代不被淘汰，并不是变得越快越好，而是越深越好。这个时代需要我们终身学习，需要通过提高学习能力，从肤浅的了解到更深入的境界。那么怎样才能深度学习呢？我们从最基本的身体和精神状态出发，探讨提高深度学习能力的基础，希望通过我们的探讨，为您提供一个有效的指引。身体是一个非常容易被忽视的因素。越是年轻，越容易忽视身体的重要性。而身体恰恰能够产生复利效应，会持续为你提供深度学习的物质基础，成为你深度学习的坚强后盾。

精神状态的调整也是我们这个充满了焦虑的时代无法避开的问题。如果精神状态不好，就根本谈不上什么学习，更谈不上深度学习了。如果能持续保持一个良好的精神状态，则意味着你已经走在大多数人的前面了。

深度学习需要两个武器来武装，一个是刻意练习，另一个是阅读能力。刻意练习可以让我们不断向更深的地方挖掘；而阅读是我们在这个时代获得知识最主要的途径。因为这个时代需要的是跨领域的知识人才，而任何一所大学都不可能开设如此多的专业来教授。所以，阅读技能也是一个可以让我们终身受益的复利技能。

有人说，在时间面前人人平等。实际上，每个人对时间的感知是不同的。尽管我们好像每天都在跟时间打交道，但是很多人对时间非常陌生。即使同样是每天24小时，但是对不同的人，产生的效果是天地之差。如何与时间做好朋友，是摆在所有希望自己此生有所成就的人面前的问题。

善用时间的核心，就是首先找到我们最重要的事，然后找到最有效率的时间，也就是黄金时间，最后坚决地把黄金时间用到对我们最重要的事情上。

希望这本书能给那些终身学习者提供一个有价值的参考，希望我抛出的这个“砖”，能够给你带来更多的“玉”，让你在这个飞速发展的智能时代站稳脚跟，成为一个真正有深度的终身学习者。

目录

CONTENTS

第一部分 深度学习的基础

第二部分 深度学习的方法论

第三部分 深度学习需要高效利用时间

第一部分

深度学习的基础

第一章　深度学习是智能时代的核心竞争力

麦肯锡全球研究院（McKinsey Global Institute）发布的报告中提到，科技的进步将导致未来全球大概 3.75 亿人口需要重新就业。据麦肯锡的预测，到 2030 年，中国将有至少 1.18 亿人的岗位被机器人取代。这将要求他们学习新技能，以适应与机器人的合作分工；其中 700 万～1200 万人需要转换职业（这意味着他们原有的岗位彻底被机器人取代，不再有人工价值）。如果人工智能以更乐观的速度发展的话，这一数字将扩大到 2.36 亿，也就是说，三分之一的中国人将需要重新考虑工作问题。工作岗位的巨变，要求我们能够跟上时代变化的步伐。想要跟上变化，需要用最短的时间不仅快速掌握新的技能，还要达到一定的深度。如果想要达到一定的深度，就需要具备深度学习的技能。

1.1　为什么需要深度学习

什么是深度学习呢？深度学习就是在良好的身体状态以及无干扰的

情况下，采用合适的技能，专注地进行的学习活动。在深度学习状态下，个人的认知能力达到最高状态，学习技能的提升达到最大化。

人类通过学习掌握技能可以分为 A、B、C 三个阶段：A 阶段，对所学的技能了解一点，但是还不能掌握运用。B阶段，能够掌握运用技能，但是处于粗浅水平。就像能够驾驶汽车，但是水平尚待提高，还达不到赛车手的水平。C 阶段，就是精通。精通是指不但能够掌握和运用技能，而且达到了大多数人无法企及的熟练程度。

在学习技能的过程中，大多数人停留在 A 阶段和 B 阶段。只有少数人才能进入 C 阶段。这就是为什么大多数职场人士觉得在工作中压力很大。因为太多的人都在 B 阶段，竞争极其激烈。他们掌握的技能的层次非常容易达到且容易被超越和替代。在学习技能的时候，如果学到 B 阶段就停下来，就是“浅学习”而不是“深度学习”。如果想要达到 C 阶段，需要花费大量的时间精力。人们通常的做法是把多个技能都提高到 B 阶段就停下来，因为这样做既省力，又好像很有成就。但是在 B 阶段聚集再多的技能，也不能提高你的竞争力。经济学家舍温·罗森（Sherwin Rosen）说：“你不能通过听一系列的中等水平的歌手唱歌，累加成一场无与伦比的演出。”他的这个比喻告诉我们，在 B 阶段上堆积的技能再多，也无法累加成 C 阶段的技能。畅销书作者凯西·塞拉（kathy Sierra）说：“大多数人在大多数的专业能力成长曲线上遇到的最大的问题，就是在阶段 B 堆积了太多东西。”

作者托马斯·弗里德曼（Thomas Friedman）在他的著作《谢谢你

迟到》中尖锐地指出："我们应该认清形势，提高自己的学习能力，才能在加速变革的时代立于不败之地……未来的时代是属于终身学习者和跨界高手的，未来的领导岗位是给那些能够整合全球团队、打通科技与人文，有远见、有洞察力和感召力的新人类的。"

只有深度学习，成为行业的高手，才能在未来的职场中获得更有利的竞争位置。只有把能力提高到 C 阶段，才能减少竞争。你甚至用不着竞争，就已经有很多好的工作等着你了。而要想达到 C 阶段，你就必须"深度学习"。

就拿阅读这件事来说。你会看到，很多人宣称自己看了几百本书甚至更多，但是如果你让他告诉你这本书上讲的是什么，他很可能说不出来。这种阅读就是浅学习，处在 A 阶段。有一部分人能够讲出一本书的大概意思、重点等，但是不知道怎么运用，这样的一批人是在 B 阶段上。还有一些人，不仅能够把书上的内容用到自己的工作学习中，还能够用自己的语言明白清楚地把书上的内容讲给你听。他甚至能够跟作者"沟通"，深刻理解作者的意图。

真正的高手在学习的过程中，不会在 B 阶段堆积太多的技能。他们倾向于在 A 阶段保持一定的对新知识的了解，然后专注于通过深度学习把有限的时间花费在把技能发展到 C 阶段。

在网上有很多教英语的课程。有不少课程是让学员听英语、念英语，但是练习了很长时间，英语的听力和理解水平也不见提高。这种练习停留在了 A 阶段和 B 阶段。原新东方英语老师许岑找出了英语中的66个关键发音，然后把包含这66个关键发音的单词组成一段文章。再用这段文章来练习发音。他采用的练习方法是从读准每一个单词开始，到读准连读的句子，再到用准确的读音更快速地阅读，让发音的速度接近美国人正常的语速。我们之所以听不懂美国人说的英语，一方面是因为我们的速度太慢，另一方面是因为大量的连读导致单词的发音与单独念一个单词的发音不同，所以我们会发现，我们听到的英语与我们学到的英语不一样。我们说的英语与英语国家的人说的也不一样。许岑通过这种阶梯练习，使练习者掌握正确的发音以及提高语速。通过这种深度学习，让练习者从A阶段提升到C阶段，能够听懂外国人的对话。

大多数人之所以喜欢停留在B阶段，是因为觉得自己已经“学会”了。已经能够处理一些基本问题，所以缺少继续深度学习的动力。就像很多人用手机拍出的照片一样，尽管很一般，但是毕竟能够拍照；很多人会开车，虽然达不到赛车手的水平，但是至少能够把车开走，也能简单应付一般情况；很多人尽管下棋的水平乏善可陈，但是毕竟掌握了规则，知道该怎么下。所以我们看到，在很多的领域，人们的技能都停留在B阶段。在这个层次上，因为堆积了过多的人，所以产生巨大的竞争压力。

在职场上，很多人的技能都处在B阶段，B阶段的技能只能胜任平庸的岗位，这些岗位的特点是：谁都能干，但是永远不能做得特别出彩，更要命的是很容易被取代。就像《深度学习》的作者卡尔·纽波特（Cal Newport）说的：“对认知要求不高的事务性任务……此类工作通常不会为世界创造太多新价值，且容易复制。”这样的一群人在经济发生波动的时候，或者当其他的社会大环境发生变化时，会最先被淘汰。而那些能够进行深度学习的人会不断提高自己的技能，更新自己的技能。通过不断升级，把自己的技能不断提高到 C 阶段。

我们希望读者通过本书能够了解深度学习的必要技能，并通过循序渐进的练习，最终获得深度学习的能力，把自己的技能提高到 C 阶段。

1.2 为什么大多数人无法进入深度学习状态

1.2.1 因为无法专注，大多数人难以进入深度学习状态

罗琳在写《哈利·波特与死亡圣器》的时候，因为前面已经写了六部非常畅销的哈利·波特系列书，所以感觉压力很大。为了保持高度的专注，她尝试选择不同的地方写作。有一次她选择了爱丁堡市中心的巴尔默勒尔五星酒店套房，发现在这里写作的效果非常好，她就经常到这个酒店写作。最后她在这里完成了她的最后一部哈利·波特系列小说。

认知心理学家安德斯·埃里克森（Anders Ericsson）在研究如何成为高手的过程中发现，“专注”是成为高手的核心能力。那些成为高手或专家的人物都是因为高度专注于自己的领域，才成为专家。比尔·盖

茨每年会把自己关到一个无人干扰的地方长达一周，专注于思考一些重大问题。实际上比尔·盖茨的办公室也并不是容易被干扰的地方，但是他仍然要找到一个专门的不被干扰的地方，足以说明专注有多重要。

“深度学习”需要长时间地进入专注状态。很多人学习的时候，很快就会觉得困倦；有些人学习的时候，无法集中注意力；有些人学习的时候会被其他的不良情绪干扰；还有些人学习的时候，会因环境嘈杂无法进入正常的专注状态。如果总结一下，有以下三个原因使人无法进入专注的深度学习状态：

- 第一，身体原因。身体原因比较复杂，可能是长期的不良习惯导致的身体疾病，或者身体摄入的营养物质不均衡导致大脑不能获得足够的能量供给，也可能是休息不够导致大脑缺乏活力，或者缺少运动导致大脑没有被有效激活，等等。身体原因导致专注的“体力”不够，所以无法进入长时间的专注状态。

- 第二，习惯问题。养成了一些不专注的习惯，比如有些人常常采用多任务模式，同时做几件事，看上去好像效率很高，实际上恰恰相反。专家研究发现，多任务模式并非同时在做很多个任务，而是在不同的任务之间切换，而且这些切换也都有时间成本，每次切换需要15分钟左右的时间。频繁在不同任务之间切换的结果，是培养了习惯性的不专注。另外，手机上的各种媒体内容设计得非常吸引人，这些内容本身就是以吸引人为目的，会频繁让人在不同的兴趣点之间跳跃，这种跳跃也在锻炼人的不专注，尼古拉斯·卡尔在他的《浅薄：互联网如何毒化了我们的大脑》中指出，“高强度的认知负荷也会加剧我们的精力分散程度。大脑负担过重的时候，我们会发现，分神的事物更容易让人分神”。他认为，我们正在变成一个个心不在焉的数据消费者。除了多任务模式的习惯，还有很多其他的不良习惯，比如习惯于自动行为而不是有意识的主动行为；习惯于待在舒适区而不是把自己放到学习区；等等。

- 第三，缺少深度学习的环境。这些环境包括我们学习时所处的物理环境，比如学习场所各种视觉干扰、声音干扰。还有心理环境，比如在学习过程中，分心的事情比较多。特别要提到的是，手机的干扰可能是最大的问题。手机上的各种媒体使人不断分心，导致无法专注。尼古拉斯·卡尔说，互联网以远超电视、广播和报纸的强迫性，牢牢掌控着我们的注意力。

1.2.2 大脑喜欢“节省能量”，保持舒适，所以难以进入深度学习状态

大脑是一个消耗能量的“大户”。所以大脑在长期进化中，养成了节省能量的习惯。为了节省能量，大脑喜欢把经常发生的行为变成不需要思考的自动行为。这种自动行为不耗费大脑的能量，可以很舒服地自动完成大多数日常任务，比如我们每天的上下班、洗脸吃饭等，也包括工作中各种习惯性的活动。如果要掌握新技能，或者要提高技能的等级，

就需要大脑重新进入学习模式，而这个模式会让大脑产生不适，因为需要“努力”进行思考研究，消耗大脑更多的能量。我们知道，现实生活要求我们不断更新旧有的技能，学习新的技能，这个过程就需要消耗能量。也就是说，不断更新技能需要进入深度学习状态，需要大脑反复进入学习的消耗状态，而不是舒适的自动状态。深度学习要求学习者不断离开舒适区，每一次大脑离开舒适区，就会进入一个新的学习区。通过在这个新的学习区的学习，我们就掌握了更高一级的技能。当我们完成这个新的深度学习，我们就又进入另外一个舒适区。这时候，我们需要再次主动离开这个舒适区，重新进入新的学习区。

1.2.3 缺乏“思维体力”导致大脑无法进入深度学习的状态

卡内基·梅隆大学机器人研究所的金出武雄在《像外行一样思考，像专家一样实践》中，提出了一个“思维体力”的概念。“思维体力”就是长时间深入思考的能力。这种能力并非人人都具备，而是一种需要锻炼才能够获得的能力。安德斯·埃里克森主持过专注力的实验。通过实验发现，对新手来说，一天专注 1 个小时是一个合理的上限。专注力高手才可以达到 4 个小时。也就是说，保持专注的思维时，高手能坚持 4 个小时，普通人能坚持 1 个小时就已经很不错了。那么，如何锻炼思维体力呢？我们将在后面的第三章中讲到。

1.2.4 无法进入深度学习，是因为不能正确使用大脑

尽管每个人都有一个大脑，但是并非人人都会用好自己的大脑。有人以为从早到晚一直努力就行了。但脑力工作不同于体力工作，对体力工作来说，只要有体力、能干活就行了。而脑力的使用需要更多科学的方法。要想正确使用大脑，需要多方面地努力。比如，保证大脑的营养、足够的睡眠、正确地休息、有节奏地用脑、找到大脑状态最好的时间段、在专注模式和发散模式之间进行科学的切换等。我们在后面第二章内容中会讲到科学用脑的问题。

1.2.5 无法进入深度学习的状态，是因为缺少必要的技巧

进入深度学习需要掌握一定的方法技巧。瑞典心理学家安德斯·埃里克森通过长期对高手和专家的研究发现了一个人成为高手应该具备的技巧。根据他的研究成果，他提出了“刻意练习”的理论。想要进入深度学习的状态，就必须掌握这样的理论。深度学习一定包含向书本学习。所以掌握读书的方法也能够有效进入深度学习的状态。想要进入深度学习的状态，就必须掌握一些相关的技巧，通过长期刻意的努力，来强化自己深度学习的能力。

1.3 本书的结构

本书分为三个部分：第一部分探讨深度学习的基础要求。即如果想要进行深度学习，我们需要哪些基本的能力和条件。这一部分分为五章。第一章探讨智能时代为什么一定要进行深度学习。第二章探讨被大多数人忽略的却是保证深度学习的必要条件，即深度学习必须具备的身体基础。第三章探讨深度学习需要的状态。如何让我们更有专注力；如何调整我们的状态到最佳；如何通过测试身体的规律，找到精力最好的时间段，并把这个最好的时间段用到深度学习中。第四章探讨如何建立一个深度学习的环境，包括你的内部环境和外部环境。创造一个合适的环境，帮助你进入深度学习的状态。第五章探讨如何通过正确使用大脑来进行深度学习。第二部分是全书的核心部分。这个部分探讨深度学习的核心方法。第六章探讨如何通过刻意练习来进行深度学习。刻意练习是瑞典心理学家埃里克森提出来的从普通人到高手的训练方法。第七章探讨如何养成习惯。实际上，深度学习本身就是一种习惯。在我们学习如何进入深度学习的过程中，需要养成一些习惯，这些习惯可以帮助我们更好地进入深度学习的状态。第八章探讨的是读书的方法。深度学习，必定是要通过学习书本知识，并把书本知识变成技能来实现。所以，有效的读书方法，是深度学习时必须掌握的技能。第三部分我们探讨深度学习的时间管理问题。时间是深度学习的必要资源。如何才能够正确有效地保证深度学习的时间，是决定学习效果的重要因素。第九章探讨深度学习与时间管理的关系。

本书将通过研究深度学习必要的身体资源、精力资源，以及获得这些资源的方法，研究深度学习所需要掌握的工具方法，获得深度学习的能力。

第二章　打造深度学习的身体基础

在学习的过程中，你是否有过这样的一些经历呢?

- 在学习的过程中，经常觉得疲劳，感觉大脑不太够用。
- 经常感觉很困。
- 经常感到烦躁，无法进入正常工作学习状态。
- 总是分心，注意力不集中。
- 无法长时间专注于学习状态。

这些大脑和身体的感受往往没有受到重视，被简单归结为休息问题。实际上背后的原因很多，包括饮食问题、运动问题、睡眠问题，以及长期的不健康习惯。这种不舒服带给大脑的是低效的运作。如果长期在这种不适的状态下学习，就变成习惯性的低效率。身体问题本来很容易解决，因为不涉及他人，只要你自己注意就可以。但是因为人们的不重视，导致其变成一个持续影响深度学习的因素。大脑是学习的器官，大脑通过获得持续的优质的能量输入来获得持续的知识的输出。打造深度学习的身体基础，就是打造一个健康的、能够保证高质量输出的大脑。

卡内基·梅隆大学的金出武雄教授说，高质量的学习需要“智慧体力”。所谓“智慧体力”，就是长时间持续思考一个问题且不会厌烦的能力。这种能力就是“深度学习”需要的能力。他还讲到，想要有“智慧体力”，首先要有体力。而这个体力就是大脑的“体力”。“智慧体力”如果不强，一个人就很容易精力不集中，产生厌倦的心理。那么，如何能够打造一个有很好的“体力”的大脑呢？这就是本章要讨论的内容。

2.1 吃出健康大脑

2.1.1 为什么很多人忽略了饮食对学习的影响

当我们学习效果不理想的时候，更多情况下会归因到状态不好，同时把状态不好归罪于心情。确实，心情严重影响学习的效果。但是，仍然还有相当的影响因素与我们的身体相关。我们之所以不把身体的问题与学习的效果联系，是因为我们很难从直观上看到两者之间的联系。如果我们没有体力，不能举起更重的东西，很自然想到身体原因，但是脑子想不出问题的解决方案，我们不容易联想到身体问题。

在 20 世纪 60 年代的一项研究中，两位研究者做了一个关于身体和情绪的相关性试验。他们选择两组被试，分别注射同样剂量的肾上腺素。研究者对其中一组说注射的是维生素，有一些副作用，比如心跳加快、双手颤抖等，但是对身体有好处。对第二组则什么都没说。我们知道，肾上腺素是让人兴奋的物质。通过干预，研究者让这两组人都进入兴奋或愤怒的情境中。事后询问感受的时候，被告知有副作用的一组认为自己的情绪跟注射有关，而另一组则认为兴奋和愤怒是自然的心理反应。

由此可见，我们对于自己身体状态的感受，更多是趋向于从心理上找原因，很少考虑身体是否增加或者缺少了什么东西。所以，即使我们的身体真的出了问题，我们往往想到的也只是要调节一下心情而不是选择改善身体状态。

2.1.2 营养对深度学习的影响

脑神经科学家、神经营养学家约翰·雅顿（John Arden）在他的《大脑圣经》中为我们的饮食自检设计了9道题：

- 你是否经常吃糖果？
- 你是否经常不吃早餐？
- 你的日常饮食中是否包含油炸食品？
- 你是否很少吃全麦食品，更多地吃米饭和面包？
- 你是否很少吃水果、蔬菜？
- 你是否经常饮酒，每天超过2次？
- 你是否经常饿了才吃饭？
- 你是否进餐毫无规律？

- 你是否不管饿不饿都经常吃零食？

如果你对这些问题的答案是肯定的，约翰·雅顿博士认为，这些习惯会改变你的脑化学状态，进而损伤你的大脑。

我们都知道，人体如果要正常活动，就需要消耗能量。脑科学家、神经科学家丹尼尔·亚蒙（Daniel Amen）在他的《大脑勇士》中说："虽然双耳之间的灰色物质（大脑）仅重 1.4 千克左右，但它会消耗人体所摄入的 20%~30% 的能量。"所以，大脑是一个能量消耗的"大户"。也是因为这个原因，人类不断进化出节省大脑能量的方法，比如学会一些自动完成的行为。人类的行为都是由大脑控制完成的。通过自动化行为，大脑就不需要或者需要消耗很少的能量就能够完成很多日常的活动，比如吃饭穿衣，以及工作中那些我们已经熟练掌握到可以自动完成的项目。

人类主要的营养来源包括碳水化合物、蛋白质、脂肪、各种矿物质、维生素类和水。这些物质不仅能保持我们身体的正常生理活动，更重要的是能够保证我们大脑运行需要的能量。是否能够获得足够的营养，对于深度学习的能力有着不可估量的影响。大脑的能量不足或者得到低质量的能量会导致：

- 无法长时间思考和解决问题。
- 容易产生疲劳感。
- 无法进入专注状态。
- 记忆力变差，容易忘记事情。
- 容易产生疼痛感。

约翰·雅顿博士在他的《大脑整理术》中指出，不吃早餐会导致难以集中注意力、疲惫乏力、应激反应加剧、情绪波动大、焦虑抑郁加重。我们可以想想我们平时的状态，有时候莫名其妙地感到烦躁，或者容易生气，感到焦虑，但是很少有人认为可能与早餐有关。一份早餐的价值远远超过了我们的想象。约翰·雅顿博士认为，不吃早餐会导致皮质醇增高，而皮质醇的增高就会导致应激反应加剧。应激反应加剧导致情绪的不稳定，从而产生焦虑和抑郁。所以，那些看上去好像与饮食无关的因素在悄悄影响我们的大脑和情绪，导致我们无法进入深度学习的状态。

2.1.3 吃优质碳水化合物

碳水化合物就是我们日常生活中摄入的“主食”。包括米、面、各种杂粮，当然也包括糖、淀粉等。这些食物通过消化转化成血糖，为我们的大脑供应必需的能量。我们知道，大脑占身体比重的 5%，而消耗的能量可达到身体摄入能量的 25%。

很多人习惯于在思考问题的时候吃糖。比如，我们在电影中经常看到这样的桥段，某一位赌神会在需要高度用脑的关键时刻拿出一块巧克力吃。然后大脑就能飞快运转，赌赢一场赌局。可见糖也就是碳水化合物对大脑的作用。

什么是优质碳水化合物？能够给大脑提供持续稳定能量供应的碳水化合物，就是优质碳水化合物。碳水化合物能够给人提供能量，但是并非所有的碳水化合物都能够给大脑持续供应稳定的能量。提供能量跟持续提供能量的区别是什么？脑神经科学家丹尼尔·亚蒙在他的著作《健康脑》中说："高血糖碳水化合物会导致血糖水平急剧攀升后迅速崩溃。这种过山车效应在开始时会使你的能量剧增，但随之而来的是感觉呆滞和迟缓。保持大脑健康的关键是确保你所消耗的大部分碳水化合物是低血糖型的。"所以，尽管所有的碳水化合物都能够为大脑提供能量，但是只有优质碳水化合物才能持续稳定地提供能量，才是真正能够让你进入深度学习状态的食物。

碳水化合物有两类，一类是复杂碳水化合物，也叫低血糖指数碳水化合物；另一类是简单碳水化合物，也叫高血糖指数碳水化合物。这两种碳水化合物被人吸收以后的表现不同。复杂碳水化合物在被人体摄入以后，会持续稳定地为身体供应血糖，保证血糖浓度的一致性，我们把这种碳水化合物定义为优质碳水化合物；而简单碳水化合物会在人体内快速形成一个血糖峰值，然后在很短时间内立刻掉下来。丹尼尔·亚蒙称这种现象为让血糖忽高忽低的血糖"过山车"。食糖是简单碳水化合物的一种，它的特点是容易快速吸收。同时也是因为吸收的速度太快，会导致瞬间的血糖值很高，然后又很快跌落下去。

血糖过高和血糖过低都会削弱大脑的思考能力。当血糖过高的时候，会发生一种叫作糖化的现象。我们知道，大脑的信息传递依靠神经元之间的蛋白质。糖化现象会阻碍蛋白质的移动，也就是阻碍神经元之间的信息传递，导致认知的问题甚至认知障碍。糖化现象产生的晚期糖基化终产物还会缩短神经元的寿命。而另一种情况，就是血糖偏低的时候，大脑因为能量不足会造成感觉呆滞迟缓，反应迟钝，影响思考。

吃优质碳水化合物的意义还在于通过保持一整天的血糖的稳定供应状态，保证大脑的血糖供应稳定，进而提高大脑的各种活动能力，比如调整自我控制能力，降低压力水平，控制注意力、思维、情感，减少欲望与冲动。

耶鲁大学对儿童的实验发现，喝葡萄糖软饮料的儿童，血糖在5小时的上升数值超过正常水平5倍多。多数儿童难以集中注意力，并感到焦虑急躁。这种现象也发生在很多上课的孩子身上，他们在课堂上坐立不安。通常这种现象往往被误诊为多动症，然而真正的原因只是摄入了过多的糖。

芬兰研究人员也发现，如果一个孩子摄入的冰激凌、软饮料中的含糖量超过30%，产生焦虑、抑郁甚至违法犯罪的概率就比别的孩子高出一倍多。

麻省理工学院的研究人员发现，简单碳水化合物比如糖和面粉，对智商有影响。通过对吃大量简单碳水化合物的孩子和吃得少的孩子进行比较发现，吃得多的孩子要比吃得少的孩子的智商低多达25%。

下面这些食物都是简单碳水化合物：

- 薯片。
- 曲奇饼干。
- 糖果。
- 蛋糕。
- 面包。
- 甜甜圈。
- 米饭。

所以，我们不应该通过直接吃糖或者其他简单碳水化合物的方式来提高大脑中的血糖供应，而是应该通过摄入复杂碳水化合物，也就是低血糖指数的碳水化合物来持续稳定供应大脑能量。

那么，哪些食物是低血糖指数碳水化合物呢？全麦、糙米、燕麦等粗加工的食品，也包括大部分水果。低血糖指数碳水化合物不会在人体内形成糖的峰值，能够持续稳定地为身体供应能量。这种持续稳定的供应，会持续保证大脑思考、学习所用的能量。丹尼尔·亚蒙认为，保持我们大脑健康的最好方法就是为大脑提供低血糖指数的碳水化合物。血糖指数（GI）在 70 以上是高，56~69 是中等，55 及以下是低。下面的表格给出了不同食物的血糖指数。

不同食物的血糖指数

食物	GI	食物	GI	食物	GI
低脂酸奶	14	全麦面包	50	麦片	74
芦笋	15	山药	51	白面包	75
西兰花	15	橙汁	52	法式薯条	75
樱桃	22	甘薯	54	甜甜圈	76
芸豆	27	糙米	55	威化饼干	76
低脂牛奶	33	香蕉	55	年糕	77
苹果	38	爆米花	55	米酥	82
胡萝卜	39	薯片	56	玉米片	83
意大利通心粉	41	奶酪比萨	60	烤土豆	85
苹果汁	41	冰激凌	61	枣	103
葡萄	46	菠萝	66	白米	110

（资料来源：《全新葡萄糖革命》GlycemicIndex.com）

所以，要让你的大脑稳定持续地获得能量，保证进入深度学习状态，你需要吃优质的碳水化合物。

2.1.4 吃优质蛋白质

约翰·雅顿在他的《大脑整理术》中告诉我们，如果想要在白天有良好的短时记忆和灵敏的头脑，就需要在早餐和午餐摄入更多的优质蛋白质。

为什么要摄入更多优质蛋白质呢？神经化学家发现，记忆是由多肽组成的化学物质实现的。肽就是蛋白质水解的产物。所以蛋白质在传递信息、记忆信息的过程中扮演着重要角色。如果没有足够的蛋白质，就会阻碍信息的传递，导致记忆力下降。

大脑的记忆就是信息的传递过程，而信息的传递需要蛋白质来完成。大脑的思维过程就是神经元传递信息的过程。神经元传递信息的时候，有一种负责传递信息的物质叫作乙酰胆碱。这种物质通过人体摄入胆碱来合成。乙酰胆碱需要激活才能传递信息，激活乙酰胆碱需要氨基酸，也就是蛋白质。所以，丰富的蛋白质可以让神经元的信息传递更快、更有效。

下表是氨基酸的功能以及来源。表格中的食物中就含有优质的蛋白质。本表格来自约翰·雅顿的《大脑整理术》。

氨基酸的作用及食物来源

氨基酸前体	神经递质	作　用	食物来源
L-色氨酸	血清素	改善睡眠 镇静和平复情绪	火鸡、牛奶、全麦粉、南瓜子、白奶酪、杏仁、大豆
L-谷氨酰胺	γ-氨基丁酸	缓解紧张和易怒 使心情更加平静	鸡蛋、桃、葵花籽、鳄梨、葡萄汁、麦片
酪氨酸	多巴胺	增加快感	鱼、燕麦、乳制品、小麦、鸡肉、大豆
L-苯丙氨酸	去甲肾上腺素 多巴胺	增加能量和快感 增强记忆力	花生、青豆、芝麻、鸡肉、酸奶、牛奶、大豆
胆碱	乙酰胆碱	增强记忆力	蛋黄

从表中我们可以发现，如果想要提高记忆力，食用蛋黄的效果很好。约翰·雅顿博士建议每天早晨吃一个鸡蛋，这样对一天的大脑记忆工作很有帮助。因为蛋黄含有胆碱，可以帮助合成大脑需要的乙酰胆碱，提高记忆力。麻省理工学院的研究者发现，如果缺少胆碱，会导致大脑“自残”神经膜，以获得胆碱合成乙酰胆碱。如果乙酰胆碱不足会导致阿尔茨海默症，也就是痴呆症。

如果学习的过程中体会到焦躁不安，很可能是缺少了L-色氨酸。这时候需要通过牛奶、全麦粉、南瓜子、杏仁等食物来补充。如果心情愉快，就更容易进入深度学习的状态。想要心情愉悦，可以多吃鱼类、燕麦、大豆等食物。这些食物含有酪氨酸，能够帮助大脑产生更多的多巴胺，增加快感。

丹尼尔·亚蒙建议每天吃肉类的数量以用你的手掌能够握住为标

准。约翰·雅顿博士建议每天早晨要吃一个鸡蛋，最好是有机的。

2.1.5 吃优质脂肪，保证大脑的高效运行

约翰·雅顿博士曾经遇到一个叫南希的患者。南希找到雅顿博士的时候，状态特别不好。经常表现出记忆力差、焦躁不安，经常感觉特别累。通过了解发现，南希的饮食存在很大问题。她早晨吃一份墨西哥卷饼；上午会吃一点面包圈，喝一杯咖啡；中午吃炸鸡；下午吃薯条、奶酪面包；晚上吃炸鸡、薯条或其他油炸食品。这份食谱的问题在哪里呢？南希的这份食谱中含有大量的“坏脂肪”。这份食谱中大部分是油炸食品。油炸食品中含有大量的反式脂肪，反式脂肪就是破坏大脑的“坏脂肪”。南希表现的各种症状恰恰与她的食谱高度相关。

英国阿斯顿大学的心理研究员迈克尔·格林博士研究发现，人脑组织有60%由脂肪构成，这就意味着大脑的大部分功能是由脂肪来完成的。脑神经科学家丹尼尔·亚蒙指出，脂肪中有“好脂肪”也就是优质脂肪，也有“坏脂肪”。好的脂肪能够帮助大脑完成各项工作，而坏的脂肪会妨害大脑完成各项工作。那么，食物中，哪些是好的脂肪，哪些是坏的脂肪呢？

2.1.5.1 反式脂肪

反式脂肪是典型的“坏脂肪”。这些脂肪之所以存在，是为了延长

食品的保质期，保证食物的口感。“坏脂肪”在人体中会产生很多不良的影响。比如：

- 在血管中产生斑块，并可能导致血栓形成。
- 产生甘油三酯，导致血流缓慢，降低流向大脑的营养供应，导致大脑缺乏营养。
- 阻止身体制造对大脑来讲必要的脂肪酸。
- 导致多余脂肪堆积，破坏大脑的正常功能。

反式脂肪在哪里存在呢？通常，油炸食品都含有反式脂肪，所以应该尽量避免吃油炸食品。另外，在甜甜圈、蛋糕、曲奇饼干、膨化食物如薯片、起酥油等食物中，都含有反式脂肪酸。美国食品药品监督管理局（FDA）要求所有的食品生产商要在标签上标明反式脂肪成分。

2.1.5.2 不饱和脂肪和饱和脂肪

不饱和脂肪是好的脂肪，它有助于增加高密度脂蛋白，有利于平衡大脑的血糖。饱和脂肪作用比较复杂，可能与胆固醇升高有关系。不过专家倾向于摄入更多的不饱和脂肪，减少饱和脂肪的摄入。

不饱和脂肪存在于牛油果、橄榄油、菜籽油、花生油和各种坚果中，也存在于各种鱼类如鲑鱼、鲭鱼、三文鱼中。

2.1.5.3 Ω-3 脂肪酸和 Ω-6 脂肪酸

Ω-3 脂肪酸是“好脂肪”。大脑的思考是通过神经元之间传递信息，而神经元传递信息的物质就依赖于Ω–3脂肪酸。这种物质广泛存在于神经元的能量工厂——线粒体中，还有神经元通信的突触体，以及支持视网膜感光的光感受器中。另外，Ω–3脂肪酸还关系到多巴胺的活动，因此对人的情绪的调节也有很重要的作用。Ω–3脂肪酸大量存在于三文鱼、马鲛鱼、亚麻籽、青鱼、凤尾鱼、沙丁鱼中，另外，在牛油果、坚果、橄榄、可可脂、椰肉等食物中也富含优质脂肪。丹尼尔·亚蒙建议每周至少要吃2~3次的鱼，来补充优质脂肪。

Ω–6脂肪酸也是人体必需的脂肪，是“好脂肪”，但是不能过量使用。Ω–6脂肪酸和Ω–3脂肪酸摄入比例不能超过4:1，否则会导致健康问题。Ω–6脂肪酸大量存在于植物油中。

由于现代有很多鱼类是人工饲养，所以营养成分可能不足。而Ω–3这种人体必需的脂肪酸又不能靠人体自行生产，所以丹尼尔·亚蒙建议可以适当摄入鱼油补充。成人每天可以服用2000~4000毫克高品质鱼油，儿童每天可以服用500~2000毫克的鱼油。

2.1.6 水果蔬菜是大脑必需的维生素和矿物质来源

马萨诸塞大学洛厄尔分校的艾米·陈（Amy Chan）发现，在有遗传缺陷的老鼠饮食中增加苹果和苹果汁，那么在记忆测试中，它们与饮食丰富的正常老鼠具有相同的水平。2008年，克莱尔·威廉姆斯（Claire Williams）与他英国的同事做实验发现，在饮食中增加了蓝莓仅3周，被试就表现出空间记忆能力的改善。在随后的 3 个月中，被试的记忆得到持续改善。这些实验说明了水果对大脑记忆的影响作用。

水果蔬菜这些植物类食物，可以为大脑提供各种维生素和必需的矿物质。

2.1.6.1 维生素 B_1

维生素 B_1 的最大作用是帮助人体把葡萄糖转化成大脑需要的能源，而葡萄糖是大脑时刻需要的物质。如果维生素 B_1 的含量低，会导致人的反应迟钝、注意力无法集中等问题。

酒类对维生素 B_1 的吸收有很大的削弱作用，酒精会分解维生素 B_1，严重时会导致抑郁和注意力分散。同时，简单碳水化合物比如糖类等也会影响维生素 B_1 的吸收。

富含维生素 B_1 的食物包括糙米、芦笋、蘑菇、洋白菜、西兰花、李子、葡萄干等。

2.1.6.2 维生素 B_3（烟酸）

维生素 B_3（烟酸）对血红细胞有重要作用。我们知道，血红细胞是输送氧气的载体。所以如果维生素 B_3 缺乏，也会导致大脑获得的氧气不足。富含维生素 B_3 的食物有羽衣甘蓝、豆类、菠菜、荠菜，也包括鸡蛋、土豆等。

2.1.6.3 维生素 B_5（泛酸）

维生素 B_5（泛酸）最大的作用是把脂肪和葡萄糖转化成能量供大脑使用，还可以帮助肾上腺分泌肾上腺素。如果维生素 B_5 缺乏，会导致心神不安。维生素 B_5 还参与大脑记忆相关的乙酰胆碱的代谢。

富含维生素 B_5 的食物有牛肉、鸡肉、鳕鱼、肾脏、蛋黄、玉米、羽衣甘蓝、菜花、西红柿、西兰花和豆类。

2.1.6.4 维生素 B_6（吡哆醇）

维生素 B_6（吡哆醇）帮助合成肾上腺素、血清素和褪黑素。我们知道，褪黑素关系到大脑的睡眠休息，可以改善睡眠质量，减少睡眠过程中的醒来次数。

维生素 B_6 不容易保存，在冷冻的状态下，蔬菜中的维生素 B_6 会损失 70% 左右。

维生素 B_6 存在于肉类中，包括猪肉、鸡肉、鳕鱼、鲑鱼等，还存在于各种蔬菜中，包括柿子椒、菠菜、甘薯、西兰花、芦笋、豆类、花生、瓜子、腰果等，也存在于全麦食物中。

2.1.6.5 维生素 B_7

维生素 B_7 参与体内的糖代谢和脂肪酸的形成。如果缺乏维生素 B_7，可能会导致失眠、焦虑等症状。

富含维生素 B_7 的食物有蘑菇、蛋黄、花生、菜花和动物肝脏等。

2.1.6.6 维生素 B_9（叶酸）

维生素 B_9（叶酸）跟蛋白质和糖的相关代谢有重要关系。如果维生素 B_9 不足，与大脑的衰老有相关性。富含维生素 B_9 的食物有芦笋、甜菜、芥菜、球芽甘蓝、大豆、四季豆、绿豆、鳄梨、麦片。

2.1.6.7 维生素 B_{12}

特别值得指出的是，维生素 B_{12} 通常只在动物性食物中存在，所以对于那些喜欢素食的人，需要维生素 B_{12} 的补充剂。如果大脑缺乏维生素 B_{12}，可能导致抽象思维能力下降以及记忆力的下降。富含维生素 B_{12} 的食物包括豆类、蛤类、螃蟹、贝类、鲑鱼、蛋类、牛奶。

2.1.6.8 维生素 C 和维生素 E

维生素 C 和维生素 E 是抗氧化剂。我们大脑中的代谢会产生各种废物，这些废物中含有自由基。如果自由基多了，就会引发应激反应，破坏细胞。而维生素 C 和维生素 E 能够清除自由基，保护血管和细胞不被氧化。

富含维生素 C 的食物有柿子椒、西红柿、西兰花、菠菜、番石榴、葡萄、橙子等。

富含维生素 E 的食物有豆类、核桃、杏仁、葵花籽、麦片等。

2.1.6.9 矿物质

大脑中有两类矿物质，一类含量比较多，叫宏量元素，包括镁、钙、钾、钠等。另一类含量比较少，叫微量元素，包括铁、铜、锌、碘、铝、镍、硼、锰等。宏量元素中的镁与神经传导有关系。如果缺乏镁会导致易怒、抑郁等症状。富含镁的食物有小麦、糙米、大麦、蔬菜、坚果等。微量元素在人体中的含量不能过多或过少。多了或少了都会出现问题。比如，铁如果太多，就会导致疲乏、关节疼等。如果铁太少，则导致贫血等症状。人体的矿物质通过蔬菜、水果、坚果以及其他各种食物获得。所以如果想要获得足够的矿物质，需要吃更多种类的食物，不能偏食。

2.1.7 水，生命之源

约翰·雅顿博士在治疗过程中发现，很多患者抱怨焦虑、抑郁、嗜睡。他鼓励这些患者多喝水以后，症状居然缓解很多。

人们之所以会忽略补充水，是因为我们对水实在太熟悉了，熟悉到了熟视无睹的程度。当我们身体产生一些不良反应的时候，根本不会想到与水有关系。约翰·雅顿博士列了一个清单，描述了缺水可能导致的一些现象。

如果是轻微缺水可能导致：

- 感觉头很疼、头晕等症状。
- 口渴，口干舌燥。
- 有困意，感到疲劳。
- 尿量减少。

- 哭的时候没有眼泪。
- 皮肤很干。
- 大便干燥。

如果是严重缺水，可能引发的症状有：

- 容易生气，无法控制自己的情绪。
- 不出汗。
- 尿量极少，颜色很深。
- 血压低，心跳变快。
- 发烧，呼吸急促。

当我们觉得头疼的时候，谁会想到可能是因为缺水呢？当我们发现自己的血压很低时，也不一定能想到是缺水造成的。

通常我们喜欢用渴不渴来判断是否需要喝水，这种方法之所以不靠谱，是因为当你觉得渴的时候，已经处于过度缺水的状态。雅顿博士告诉我们，可以通过观察尿液的颜色确认是否缺水。如果尿液很浅，就像柠檬水，说明体内的水含量正常。当然，如果服用了让尿产生颜色的药不在此列，比如服用维生素 B 类补充剂，可能本身会导致尿液颜色变化。喝多少水合适呢？根据《2016 年中国膳食指南》，成人每天喝水量应为 1500~1700 毫升。美国国家医学院研究推荐（Institute of Medicine, 2005），成年男性每天要喝 3700 毫升水，女性要喝 2700 毫升水，孕妇要喝 3000 毫升水，哺乳期妇女要喝 3800 毫升水。这种东西方的差别，主要在于是否考虑到一日三餐中的水的摄入。饮水量要根据具体的情况来进行区别对待，比如性别、体重、身体状况等。

2.1.8　一日三餐

早餐

从头一天晚上到第二天早上，是人在一天中间隔最长的两次进餐。所以早餐必须吃好，才能保证从上午开始精力充沛的工作和学习。那么，早餐应该吃什么对大脑最好呢?

约翰·雅顿认为，早餐应该由必不可少的三种食物构成：复杂优质碳水化合物、蛋白质，最好是鸡蛋，因为鸡蛋里面含有对记忆力有帮助的胆碱，加上蔬菜、水果补充矿物质。

而对于不吃早餐的危害，约翰·雅顿告诉我们：

"就吃早餐的重要性而言，情绪和能量是两个至关重要的指标。"这一点我们需要记在心上。也就是说，不吃早餐不仅影响大脑的能量供应，还会影响早晨的情绪。不吃早餐所造成的与情绪和能量有关的影响包括以下几个方面：

- 难以集中注意力。
- 疲惫乏力。
- 应激反应加剧，特别容易在小的刺激下就产生很大的情绪反应。
- 情绪波动大。
- 焦虑和抑郁加重。

- 因为能量不足导致思维质量变差。

大多数人大脑效率最高的时间段是上午。如果从早晨开始就处在情绪不好的状态，那么这一天都将会是糟糕的。

午餐

约翰·雅顿认为，午餐需要高蛋白质，但是一定要低碳水化合物。也就是说可以有肉类，但是主食要少。这对于减轻疲劳感有帮助。如果中午吃高碳水化合物，会影响集中力和专注力，导致下午容易发困。除了蛋白质和碳水化合物，当然也需要补充水果和蔬菜。

晚餐

晚饭恰好相反，要低蛋白质、高碳水化合物。这样有助于睡眠。

膳食平衡

但是，关于什么是高，什么是低，什么是多，什么是少，在中国营养学会编辑出版的《中国居民膳食指南》上有一个中国居民膳食平衡宝塔，给我们提供了具体的进餐数量。

成年人每天的食物摄入量

食　物	摄入量（单位：克）
盐	小于 6
油	25~30
奶及奶制品	300
大豆及坚果类	25~35
畜禽肉	40~75
水产品	40~75

续表

食　物	摄入量（单位：克）
蛋类	40~50
蔬菜	300~500
水果	200~350
谷薯类	250~400（其中全谷物和杂豆 50~150，薯类 50~100）

2.2　通过科学的运动打造健康智慧的大脑

2.2.1　运动对大脑的影响

大脑需要两种能量的供应，一种是糖供应，另一种是氧气供应。而供应这两种物质的渠道就是血液。如果供血量越足，那么大脑的供氧和供血糖的量就更充足，也就更有利于思考。如果大脑缺氧或者血糖低，就会阻碍大脑的思考，严重的会导致脑细胞的死亡。想要提高大脑的供血量，最好的方法就是加强心脏泵血的能力。而提高心脏泵血能力的方法，就是有氧运动。

什么是有氧运动呢？通俗来讲，就是能够让身体出汗、心跳加速的锻炼，如下面的几项：

- 达到能够微微出汗程度的快走。
- 跳舞。

- 慢跑。

起初，科学家认为成年以后，人的大脑神经元是不能生长的，后来发现，成年人类的大脑经过锻炼能够长出新的神经元，这是神经科学中最具革命性的事件之一。同时科学家发现，有氧运动是刺激神经元生长的重要活动，有氧运动刺激了脑源性神经营养素的分泌，作用于海马体中的干细胞，让它成长为新的神经元，同时帮助神经元互相连接、传递信息。

研究发现，如果每周快走 3 小时，就能促进额叶、海马体和胼胝体等大脑重要部位的神经生长。[①] 我们知道，额叶部分是用于思考、进行逻辑思维的区域，而海马体则是跟新的记忆有关的部位。这两个部位的重新生长意味着你的逻辑思考以及对新事物的记忆能力会得到加强。

2.2.2 用运动改造大脑

2.2.2.1 运动类型与大脑

通常我们把运动分为四种类型：有氧运动、阻力运动、协调运动和组合运动。而根据运动强度则分为三种，低强度运动、中等强度运动和高强度运动。关于运动强度，约翰·瑞迪在《运动改造大脑》中为我们提供了简单的计算方法。用 220 减去你的年龄，就是你运动后应有的最

① 引自约翰·雅顿的《大脑圣经》。

大心率。

- 低强度的运动，就是能够让你的心率达到最大心率的55%~65%的运动。
- 中等强度的运动，就是能够让你的心率达到最大心率的65%~75%的运动。
- 高强度的运动，则是能够让你的心率达到最大心率的75%~90%的运动。

如果你是一个30岁的人，那么你的最大心率就是220−30=190。你的低强度运动心率是105~114；中等强度运动的心率是114~142；高强度运动心率是142~171。

有氧运动与大脑

有氧运动对大脑细胞的再生、神经元的形成都有重要的作用。有氧运动限制很少，跑步、快走这些都是有氧运动。另外，划船、游泳也是有氧运动。

阻力运动与大脑

阻力运动可以预防认知衰退。同时，阻力运动与有氧运动又有所交叉。比如，划船、游泳同时也是有氧运动。其他阻力运动包括俯卧撑、深蹲、哑铃、举重等。

协调运动与大脑

协调运动可以锻炼小脑，促进思维的运转及认知灵活性。协调运动包括舞蹈、篮球、网球、高尔夫等运动。协调运动可以改变大脑的结构，让你变得更聪明。

综合运动与大脑

把上述三种运动结合起来，可以全方位改造和锻炼大脑。

2.2.2.2 运动习惯的养成

对于没有运动习惯的人来讲，最难的就是如何开始。而一旦开始了，第二难的事情就是坚持。

《微习惯》作者斯蒂芬·盖斯（Stephen Guise）研究习惯几十年，他发现了一个有关习惯的秘密，那就是从最容易做到的事情开始。什么是最容易做到的事情呢？比如，一天只做一个俯卧撑。这种开始运动的方式用斯蒂芬·盖斯的话说，容易到不可思议。仅仅是一个俯卧撑，任何人都能做到，任何时候都可以做到。这一个俯卧撑的价值，就是启动了你的运动习惯。每天一个俯卧撑，感觉毫无负担，轻松完成。

斯蒂芬·盖斯说："我注意到了两件事。第一，虽然只是每天做几个俯卧撑，但这种行为的确能在生理和心理上影响你的感受。我的身体更结实了，肌肉也练出来了。第二，我意识到锻炼正在变成惯性。即使是面对这么微不足道的挑战，我每天也都在做了不起的事情。"①

所以，虽然只是一天一个俯卧撑，但当你坚持做下去，就会对心理产生影响。当你真正启动了每天一个俯卧撑的计划的时候，逐渐就不会

---

① 引自斯蒂芬·盖斯的《微习惯》。

满足于这一个俯卧撑，而是总想做更多，同时也有能力做更多的俯卧撑。但是在这个时候如果增加过多，也会导致失败。

当我们用特别简单的方式开始运动的时候，坚持就变成一个相对容易的事情。所以，开始和坚持这两件事都有效解决了。

根据斯蒂芬·盖斯的方法，我们从最简单的有氧运动开始，那就是走步。走步这件事，人人都在做，只不过我们可能没有意识到这是一种运动。我们上班的路上、去餐厅的路上、去商店买东西的路上都在走路。所以走路是一个非常简单的运动，也是最容易的运动。不过，要想达到有氧运动的程度，就要出汗。用走路实现有氧运动的效果，就要加快走路的速度。可以从 10 分钟甚至 5 分钟开始走路活动，并每天坚持如此。慢慢地你就会习惯于走路。约翰·雅顿认为，仅仅 10 分钟的快速走路，就能带来 90 分钟的真正的能量。

2.2.2.3 运动强度与运动选择

慢跑是中等强度的运动，在中等强度的运动过程中，心率在最大心率的 65%~75%。在这个强度下，运动会对大脑有下面三个方面的改善：

- 大脑会产生抗氧化剂来消除大脑中的自由基，避免炎症的发生。大脑在代谢过程中会产生自由基，当自由基多到一定程度，就会导致炎症发生，而炎症会损伤大脑细胞。通过慢跑，能让大脑产生有恢复作用的化学物质，产生清理自由基的蛋白质和酶，去除自由基，强化大脑的神经回路，增强免疫力。

● 慢跑能够减轻大脑的压力。它的工作原理是这样。慢跑过程中心脏会产生心钠素（ANP）。心钠素通过血液流进大脑，可以缓解精神疲劳和焦虑感。

● 慢跑还有利于大脑中产生新的毛细血管，为大脑提供更丰富的营养，促进神经细胞的连接。我们知道，大脑的思考是靠神经细胞的信息传递来实现的。大脑本身无法存储能量，需要随时获得能量。毛细血管越丰富，大脑获得的能量就越充分。

快跑的时候，心率在最大心率的75%~90%。在这个状态下，大脑垂体会产生生长激素（HGH）。英国巴斯大学（University of Bath）的一项研究表明，在健身单车上锻炼，同时仅增加一次30秒钟的加速短跑，就能使HGH的水平增加到平时的6倍，并且在短跑后两小时，HGH会达到最高峰值。①

通常，成人的生长激素是儿童的十分之一。而到了50岁以后，人体就不分泌生长激素了。但是如果多运动，又会重新分泌生长激素。生长激素可以逆转衰老导致的脑容量减少的问题。也就是说，生长激素可以让大脑产生新的神经元。德国明斯特大学（University of Münster）神经学家做了一个快跑的认知实验。先在跑步机上运动40分钟，然后做两个3分钟的快跑，在两个3分钟快跑之间有一个慢跑。最后进行认知测试，发现被试学习词汇的速度提高了20%。

---

① 引自约翰·瑞迪的《运动改造大脑》。

特别要说明的是，快跑需要在专家的指导下进行。

通过测量每天的运动量，可以意识到自己实际上做了多少运动并根据自己做运动的情况来调整运动量和运动方式。目前几乎所有的智能手机都支持计数功能，可以记录自己走路的步数。另外，可以购买一些相关的 App 来记录你的运动情况，比如记录俯卧撑数量、跑步的公里数、仰卧起坐数量等。Runtastic[①] 出的系列软件就不错。

著名的脑科学家丹尼尔·亚蒙给出了一个健脑专属的运动清单：

- 乒乓球。
- 网球。
- 跳舞和舞蹈课。
- 跳舞毯活动。
- 跑步。
- 散步。
- 高尔夫，特别提出要在场地快走，而不是坐车。
- 徒步旅行。
- 飞盘。
- 游泳。
- 篮球。
- 排球。

① 一家软件公司，提供多款 ios 系统下的运动软件。

- 跳绳。
- 遛狗。
- 长跑竞走。
- 室内场馆锻炼。
- 有氧运动课程。
- 羽毛球。
- 武术。

乒乓球运动是综合健脑的最佳运动。

乒乓球是脑科学家丹尼尔·亚蒙最喜欢的运动。他认为这项运动可以综合训练大脑的各个部位，包括大脑的前额叶、顶叶、枕叶、基底神经节、前扣带回、颞叶等。

首先，乒乓球运动是一项全身的有氧运动，涉及上肢、下肢、腰、手、眼以及大脑。

通过手眼的协调和快速反射，可以锻炼小脑以及大脑的顶叶部分；

打乒乓球时必须保持注意力，因为球时刻飞来飞去，所以会锻炼大脑的前额叶部分；

打乒乓球过程中必须追踪来回飞的球，判断球的位置，这可以锻炼大脑的顶叶和枕叶；

根据球的特点分析回应的策略，这一点可以锻炼大脑的前额叶和小脑；

打乒乓球时会出现赛点，这时候需要平稳心态，否则打不好，这个过程可以锻炼人的大脑基底神经节；

比赛的时候要保持良好心态，不为前面的丢分纠结，这一点可以锻炼大脑的前扣带回；

比赛的过程，不能为前面出现的错误而失去自我控制、暴跳如雷，这一点可以训练大脑的颞叶。

所以丹尼尔·亚蒙说，乒乓球几乎可以锻炼整个大脑的全部器官。

2.2.2.4 正确的运动量

美国疾病控制与预防中心建议，每天最好进行 30 分钟以上的中等强度锻炼。对工作繁忙没有大块时间的人来说，可以把 30 分钟分成 3 个 10 分钟来锻炼，能够获得同样的效果。锻炼的关键是要提高心率。我们在前面讲到了，所谓的运动强度，是跟心跳的次数有关的。所以，应每天进行 30 分钟的有氧锻炼，以提高心率为准则。慢走不是有氧运动，而加快走步的速度后就变成了有氧运动。约翰·雅顿认为，锻炼 10 分钟，能够提升 60~120 分钟的精力。最简单的有氧运动是快走或者骑自行车。实际上，即使在繁忙的工作生活中，我们也有很多机会进行运动锻炼。比如，上班时提前几站下车步行到公司，或者先步行几站以后再上车。再如，把跑腿当锻炼。如果你有小动物如狗，可以用快步遛狗的方式来锻炼。

2.2.2.5 想象锻炼法

想象运动也能够让你得到锻炼的效果。有人把思维中的运动和真正的运动做了对比，通过用经颅磁刺激观察大脑皮层的活动情况以及身体表现，研究人员发现，想象锻炼不仅能够产生大脑的改变，还可以改善身体的状态。想象运动和身体的实际锻炼刺激的是大脑的同一个部位。在想象运动 5 天后，身体表现依然有所改善。很多运动员都采用这样的想象锻炼作为辅助。

2.3 通过科学睡眠打造健康智慧的大脑

2.3.1 睡眠对大脑的影响

很多人喜欢通过占用睡眠时间来做事。觉得只有这样做，才能让自己的工作、学习时间多出来，就能做更多的事情。事实如何呢？

哈佛大学医学院的一项研究显示，睡眠不足导致美国每年付出巨大代价。专家分析说，美国人不会因为失眠就不去上班，但是就算去上班，也会因疲劳而导致工作效率大打折扣。少睡 4 个小时的大脑状态相当于喝了一箱啤酒，如果整晚没睡，则相当于血液的酒精含量达到了 0.19%。《慢思考：大脑超载时代的思考学》作者、欧洲工商管理学院教授特奥·康普诺利（Theo Compernolle）说："无论科学家将目光投向哪个地方，都会发现睡眠不足的人表现得更差。首当其冲的是注意力和专注力，然后是耐心、对细微差别的敏感度、对复杂情况的鉴别力、对风险的评估、对未来的预期、逻辑规划能力、横向思考能力、创造力、革新能力、洞察力、判断力、合理决策的能力、保持兴趣的能力、合理评估情况的能力、自我评估的能力、对他人意见的接受度、情绪、沟通、热情、性欲、抽象能力、综合能力、判断能力尤其是道德判断力……无论是智商（IQ）、情商（EQ）还是社商（SQ），都会因睡眠不足而遭到削弱。"①

由此可见，睡眠问题会导致一个人效率的全方位低下，使其无法进入深度学习的状态。

原始营养公司创始人马克西森说："不要为了提高工作量而牺牲自己的睡眠时间。许多年轻的企业家相信，创业时极少的睡眠就足以支撑自己完成工作。但是缺乏睡眠（更重要的是休息不足导致的思维短路）会使你变得迟钝、滞后。"②

2.3.2 从睡眠上调整大脑状态

想要从睡眠上调整大脑的状态，要分两步走。

- 首先，了解睡眠现状。

---

① 引自特奥·康普诺利的《慢思考：大脑超载时代的思考学》。

② 引自凯文·克鲁斯的《高效15法则：谷歌苹果都在用的深度工作法》。

- 其次，根据现状进行针对性的睡眠调整。

如何了解睡眠现状呢？我们可以通过监控睡眠质量来实现。目前，可穿戴设备和智能手机都可以作为辅助睡眠监控的工具。你可以采用的方式有：

- 购买手环。
- 用手机软件。

目前有很多软件可以监控睡眠质量，比如有一款在 ios 系统下的软件 Sleep Cycle。

这款软件能够评估你的睡眠质量。通过对全球用户的睡眠情况数据的跟踪分析，这款软件能够估算出来自世界各地的用户的平均睡眠质量。通过自有的专利技术分析声音，利用苹果手机的灵敏的加速度计来分析睡眠状况。这款软件还可以智能唤醒你，最厉害的是它可以在你浅睡眠的时候唤醒你，而不是在你深睡眠的时候。这种唤醒方式能让你获得更好的睡眠体验。因为如果在深睡眠的时候唤醒你，会让你有一种睡不醒的感觉，更难从睡眠状态转换到清醒状态。这款软件还可以监控你每天睡眠的时长。它会从你真正入睡的时候开始计算，而不是根据你在床上躺着的时间计算，这样可以反馈给你每天的真正睡眠时间。你可以根据软件反映出来的睡眠状况调整你的睡眠习惯，提高你的睡眠质量。

当我们通过监控了解到自己的睡眠状况以后，可以根据情况采取下面一些措施来提高睡眠质量：

- 选择一个舒服的床

人生的三分之一时间是在床上度过的，所以一定要买一张好用的床。

什么样的床好用呢？软硬适中的床更适合睡眠。如果太软会觉得很累，太硬会导致背部不舒服。至于硬到什么程度，软到什么程度，只能根据自己的实际情况。如果去宜家选床，你可以直接躺在床上，试试舒适度。

如果是两个人在一张床上睡觉，最好选一个能互不影响的床。什么样的床能互不影响？选择有两个单人床垫了的双人床。这样在一个人翻身或下床的时候，另一个人能够相对不受影响。

● 声音与睡眠

睡觉的时候要避免听到不熟悉的声音，比如狗叫可能会使人惊醒。另外，有人喜欢睡觉的时候开着电视。电视里的声音很不稳定，恐怖片的声音或者战争片的爆炸声都会影响睡眠。另外，电视的光线也会对睡眠产生不良的影响。

如果是稳定持续的声音，可能反而有助于睡眠，比如有人喜欢在雨声中入睡。落雨时的白噪声有助于睡眠。

● 睡前不进食或喝水

有些专家建议晚上 6 点以后停止进食。脑科学家丹尼尔·亚蒙建议保持一个 12 小时不进食的时间段。比如，晚上 6 点吃饭，那么在早晨 6 点前就不要吃东西。当然这对很多上班族来讲并不现实。不过晚上睡觉前吃东西或者喝大量的水可能容易导致起夜，干扰睡眠的连续性，影响睡眠的质量。所以在可能的情况下，尽量睡前两三个小时内不吃东西。

晚餐的进食也要有所选择。简单碳水化合物如面包、大米、糖等会增加血糖浓度和导致浅睡眠。而全谷物、全麦的复杂碳水化合物可以催眠。因为可以缓慢持续供应血糖。蛋白质会阻碍血清素的形成，使人更加警醒，不利于睡眠。所以晚饭可以少吃蛋白质。

富含色氨酸的食物会促进睡眠。如小米、南瓜子仁、紫菜、虾米、黑芝麻、鱼片干、鱿鱼干等。

- 用冥想来改善睡眠

目前全球很多人在练习冥想。冥想是一种非常好的运动，会提高你的睡眠质量。

每天晚上睡觉前做 5 分钟的冥想，可以提高睡眠质量。如果睡眠质量提高了，也许你睡 5 个小时的效果就相当于那些不做冥想的人睡 8 个小时的效果。丹尼尔·博尔（Daniel Bor）在他的《贪婪的大脑》一书中指出，长期冥想可以使一个人需要的睡眠时间缩短，他分析这可能是神经活动加强的缘故。

我们还可以利用冥想在白天的时候调整状态。每一段冥想都相当于一个短暂的放松休息。你可以用两次工作之间的空隙进行三两分钟的冥想，迅速恢复精神状态。

- 保证睡眠时间

只有保证充足的睡眠，才有白天的好状态。我经常能够体会到晚上如果睡眠很棒，第二天会有很多奇思妙想滚滚而来，让人应接不暇。当我睡眠状态不好的时候，写东西写不出来，想问题也想不清楚，还特别容易烦躁、易怒。每个人对睡眠时长的需求可能各不相同，可以根据自己的情况来进行调整，只要保证自己白天状态很好就可以。通常成年人的睡眠时长是每天 7~8 小时，有的人会更长，也有的人会短一些。

怎样知道自己是不是睡足觉了呢？一个简单的方法就是睡到自然醒，这样坚持一个星期就知道自己到底需要睡多长时间了。有些人喜欢晚睡，然后早晨又不得不爬起来上班，这样就很难知道自己需要睡多长时间，而且会觉得每天都睡不够。

如果你设置了闹铃，早晨起来的时候，是被闹铃闹醒的，说明你晚上睡觉晚了，需要提前一点睡。经过一段时间的实验，你就知道自己究竟应该几点入睡，每天要睡多长时间。

- 睡眠之前保持良好的心情

心情不好会严重影响睡眠的质量。所以晚上睡觉前，一定不要生气，否则这一个晚上的觉可能就白睡了。在生气的情况下睡觉，即使睡觉时间很长，睡眠质量仍然很差。如果用 Sleep Cycle 测试就能发现问题。心情不好的状态下睡觉，会影响第二天的状态，甚至影响第二天的睡眠质量。

- 运动与睡眠

运动能够促进睡眠。斯坦福大学做过的研究发现，55~75 岁的人每天下午锻炼 20~30 分钟，可以使入睡时间缩短一半。研究还发现，运动不仅能延长睡眠时间，还能增加深度睡眠时间，提升整体睡眠质量。所以，可以考虑在下午或者傍晚进行一些不是特别剧烈的运动，晚上的时候可能会睡个好觉。

2.4 本章总结

本章分析了调整身体状态对大脑的影响。

饮食对大脑的影响很大。

复杂碳水化合物有利于大脑的思考，可以为大脑提供源源不断的血糖营养。而简单碳水化合物会造成大脑血糖瞬间达到峰值，产生很多代谢废物，同时血糖值也很快就降下来，不能持续为大脑提供营养。

蛋白质在大脑的运作过程中起到重要的作用。记忆就是多肽的产物，而多肽就是蛋白质水解的产物。在信息的传递和记忆过程中，蛋白质起着重要作用。

大脑的 60% 是脂肪。脂肪在大脑信息传递过程中起着重要的作用。同时，在给大脑提供能量的线粒体中也存在脂肪中的重要物质 Ω–3 脂肪酸。“好脂肪”包括不饱和脂肪、Ω–3 脂肪酸和 Ω–6 脂肪酸。后两者的比例要不超过 1∶4。反式脂肪是“坏脂肪”，要避免摄入。

各种维生素和矿物质对人体的作用非同小可。要通过食用各种蔬菜、水果、坚果等保障维生素和矿物质的摄入。

大脑中的矿物质有两种，一种是宏量元素，在大脑中的含量比较多；另一种是微量元素。大脑中的矿物质过多或者过少都不健康。矿物质最好的吸收方式是从饮食中直接获得。

运动和睡眠对大脑有着重要的影响。

有时候我们的大脑感到疲劳，实际上只是缺水，要补充足够的水。通常普通人每天的饮水量为 2~3 升。

从三个方面调整身体对大脑的影响，即饮食、运动和睡眠。

早餐非常重要。对大脑有帮助的早餐，是复杂碳水化合物加上优质蛋白质和蔬菜水果类食物。

睡眠对大脑的影响非常多，包括影响注意力和专注力这两种大脑深度学习最重要的能力。另外睡眠对思考能力、洞察能力、创造力、判断力、合理解决问题的能力等都有影响。

我们可以从七个方面来改善睡眠：

①选择一个舒适的床。

②一个不被陌生声音打扰的环境。

③睡前不要喝水和吃东西。

④保证足够的睡眠时间。

⑤睡前保证一个好心情。

⑥睡觉前 3 小时做适当的运动。

⑦通过有氧运动，让大脑得到良好的恢复和休息。如走路、慢跑和快跑。乒乓球也是一项非常好的大脑锻炼方式。

2.5 行动指南

2.5.1 饮食行动指南

- 每天早晨要吃一份包括复杂碳水化合物、蛋白质（如1个鸡蛋）、蔬菜和丰富水果和优质脂肪（如鱼肉、坚果）的早餐。
- 中午要保证蛋白质和复杂碳水化合物的摄入，以及适量水果蔬菜的摄入。
- 晚上，要摄入复杂碳水化合物，减少蛋白质摄入。
- 要保证足够的饮水量。养成饮水习惯最好的方法是，买一个漂亮的饮水杯随身携带。
- 晚上睡觉前3小时不要吃东西。
- 每周要吃2~3次深水鱼。

2.5.2 运动指南

- 每天进行30分钟的有氧运动。最简单的有氧运动是快走、骑车。这30分钟的有氧运动可以分三次，每次10分钟。重要的是让心率提高，保证运动的强度。

- 可以在生活中随时随地进行运动，如走几站再乘车上班，快步遛狗等。
- 每周进行一次协调运动，如健身操或者舞蹈等。
- 适当进行阻力练习，如深蹲、俯卧撑、仰卧起坐等。
- 给自己制订一个简单的运动计划。

2.5.3 睡眠指南

- 通过监控睡眠，确定自己的睡眠质量。
- 控制环境，包括噪声、温度、床等因素来提高睡眠质量。
- 保证睡眠时间。
- 睡眠前3小时适当运动，提高睡眠质量。
- 保持良好的心情。

第三章 打造深度学习的精神基础

3.1 没有专注，就没有深度学习

3.1.1 专注力成为稀缺资源

早晨起来，睁开惺忪的双眼，用手摸索着找到手机，开始看微信、看媒体资讯，不断从媒体那些想尽办法吸引你眼球的信息中跳跃，在床上磨磨蹭蹭，很快，半小时过去了。

心理学家鲍迈斯特研究发现，意志力是一种消耗品。人在一天的工作生活中，不断消耗着意志力，到晚上的时候意志力最差，而早晨的时候，经过一夜的休息，是意志力最好的时候。任何专注活动都会消耗意志力。如果在其他地方耗费了意志力，那么专注活动需要的意志力就会变少。早晨起床就看手机，是一种耗费意志力的活动。时间管理专家桦泽紫苑把早晨的大脑比喻为收拾得干净利索的桌面。经过一夜的休息，大脑对各种信息进行了分类整理，同时也让大脑得到了恢复。如果早晨起来就看手机上的各种信息和新闻资讯，就会把已经整理好的“桌面”搞得乱七八糟。这个过程消耗着你的意志力，消耗着你的专注力。从一大早就开始浪费你的专注力，是不是太可惜了？但是这种生活习惯是大多数人的常态。桦泽紫苑认为，早晨的效率是白天其他时间的 3 倍。日本的睛姿公司发明了一款能够监控人的专注力的眼镜。佩戴这种眼镜，结合 App，能够检测人的专注状态。2016 年，研究者经过对 5000 名佩戴该眼镜的人的数据采集发现，人的专注度最高的时间是早晨 6~7 点，而到了 9 点开始下降。下午 2 点降到最低点，到晚上 4~5 点又开始上升。

几乎所有的关于高效学习的书都无法躲开“专注”这个问题。专注是深度学习必须具备的能力。但是我们发现，在这个信息高速增长的智能时代，人们的专注力正变得越来越稀缺。

丹尼尔・卡尔曼在他的《专注》一书中指出，人们即使在看书的时候，也有 20%~40% 的时间在走神。麻省理工学霸、计算机科学家卡尔・纽波特在《如何成为有效学习的高手》中提到了专注与学习的关系。他认为，没有专注的学习就是“假用功”。有些人尽管用很长的时间学习，甚至把行李和各种吃的东西都带到教室，以示要努力，但是因为没有专注力，学习效果仍然很差，无法进入深度学习的状态。卡尔・纽波特在书中列了一个公式：完成的功课 = 所用的时间 × 专注力。如果没有专注力，那么时间就成了垃圾。深度学习尤其需要专注力来支持。

3.1.2 了解你的专注力

有一个简单的方法可以测试你的专注力。你只要拿起一本书，记录下开始的时间，然后进行阅读，看看什么时候会走神，或者在一定的时间段走神多少次，就知道你的专注状态了。威斯康星大学麦迪逊分校的理查德·戴维森教授总结了一个测试专注力的方法。一共有 10 个测试题。

1. 你在嘈杂的环境下仍然可以集中注意力。

2. 如果你所处的环境中存在大量的感官刺激，而且你周围有很多人来来去去，比如你正在参加一个聚会，或者身处火车站的人流中，但你不会因为看见了什么而浮想联翩甚至忘记自己在哪里。

3. 如果你想把注意力集中到一项工作中，你一般做得到。

4. 如果你在家里办公，电视声或者家人的说话声很容易让你分神。

5. 如果你安静地坐几分钟，大脑中就会有很多想法涌入，你发现自己同时展开好几条思路，甚至都不知道自己是怎么想到这些事情的。

6. 如果你被意料之外的事情打断，能够很快回到原先所做的工作中去。

7. 在相对安静的时间段，比如坐车的时候或者买东西的时候，你很容易就注意到身边的很多事情。

8. 如果有一件事情需要由你单独完成，而且需要百分之百专注，你会找一个最安静的环境来处理它。

9. 你的注意力很容易被环境中的刺激和事件影响，而且影响一旦产生，你很难重新集中注意力。

10. 在一个人来人往的小环境中，比如办公室的小隔断里，你可以对环境中的其他的干扰不予理睬，即使稍加留意就能够听到他们的说话声。

评估标准：

- 第1、2、3、6、7、10题，回答“是”，得1分；回答“否”，得0分。
- 第4、5、8、9题，回答“是”，得0分；回答“否”，得1分。
- 得分在8分以上，你的专注力处于集中的一端；得分在3分以下，你的专注力处于分散的一端。

提示：为评估精确，可以请了解你的人再帮你评估一下你的情况，如你的爱人、父母，好朋友以及其他你认为了解你的人。这样评估可能更加客观准确。

通过对自己专注力的测试，发现自己的专注现状，寻找对策提高专注力。

3.1.3 如何提高专注力

3.1.3.1 有具体的目标，你就有专注的对象

专注状态是把你的全部精力投到一件事情上。所以想要专注，你需

要有一个目标。每到考试之前，很多人的学习效率会忽然提高。为什么？因为有一个需要通过考试的目标。如果没有目标，我们就不知道要把专注力投入什么地方，自然也就无法专注。所以，想要提高专注力，前提是你一定要有一个想做什么事情的冲动，也就是有聚焦的对象。这件事会吸引你的全部注意力，让你处在专注的状态。你越是想要做这件事，你的专注力就越强。

3.1.3.2 适度的紧张感可以提高专注力

适度的压力能够提高专注力。我们可以通过给自己设置截止日期来提高紧张感和压力感。比如，用番茄工作法，设置一个 25 分钟的学习时间，给自己一个任务期限：在这段时间，我要完成什么？这样就建立了适度的紧张感。

从神经科学角度看，截止时间制造的紧张感可以让你分泌一种叫作“去甲肾上腺素”的物质。“去甲肾上腺素”是逃避危险和压力的神经传导物质。比如，当你看到一条毒蛇或一只蜘蛛的时候，就会分泌这种物质。当人产生压力的时候，就会瞬间提高专注度，而“去甲肾上腺素”能够让你提高专注力。通过设置截止时间产生的压力，可以让你更专注。

所谓适度的紧张，强调的是要“适度”而不是“过度”。过度的压力会造成身体和大脑的问题，反而无法正常学习和工作。

3.1.3.3 在日常生活中培养和锻炼专注力

如果能够有意识地把每天的日常活动当作锻炼专注力的“锻炼场”，在不知不觉中，你的专注力就会比别人高出很多。因为大多数人的日常活动都是无意识地进行的。也就是说，大多数人没有意识到要通过日常生活来锻炼自己的专注力。

怎样通过日常活动锻炼专注力呢?

在吃饭的时候，大多数人的习惯是边吃边聊天、看电视甚至看手机。吃饭是一个锻炼专注力的很好的方法。你把所有的关注点都放到吃饭的过程中、对饭菜味道的感受中，不去想那些工作学习中的问题，这样你的大脑就进入专注的模式。这种专注反而节省了大脑的资源。因为省去了胡思乱想的能量消耗，把所有的关注点都放到了吃饭上。

与朋友或者家人聊天也能够提高你的专注力。办法是专注于聊天的内容。相信大家都体验过这样的聊天场景：当你与对方说话的时候，对方的眼神游移，注意力并没有放到你的身上。这是大多数聊天会发生的情况。如果你能够把聊天当成练习专注力的一个场景，把你的所有注意力放到聊天的内容上，理解对方的想法与感受，并传达你的想法，这样你就在不知不觉中练习了专注力。更有意思的是，通过专注于聊天，你还能给对方一个更好的印象，让对方觉得你特别重视他的感受，使对方获得一种被尊重感。

开车的时候，专注于驾驶也能锻炼专注力。把你所有的注意力放到眼前的路面上，观察路面的情况，注意各种交通标识以及路面的信号灯的情况。这样不仅练习了专注力，还提高了你驾车的安全性，真是一举两得的好方法。

听音乐也可以锻炼你的专注力。把所有的注意力放到音乐中某一种乐器的声音上，或者你也可以把专注力放到旋律上。这样你不仅可以欣赏音乐，还让你的专注力水平得到了提高。

实际上，我们可以通过任何日常的活动来提高专注力的水平，只要你把专注的焦点放到一件事情上就行了。专注力可以用在任何地方。我们把用日常生活锻炼的专注力用到深度学习上，是不是很酷呢?

3.1.3.4 通过饮食提高专注力

我们把持续专注的时间长度叫作专注“体力”。你能够专注 1 小时还是专注 10 分钟，体现了你不同的专注“体力”。通过调整饮食能够增加专注“体力”。脑科学专家丹尼尔 · 亚蒙说，饮食中，要避免糖的“过山车”导致大脑的不专注。什么是糖的“过山车”呢? 就是大脑获得的血糖忽高忽低。如果摄入的食物容易导致大脑血糖“过山车”，就会影响大脑的专注“体力”，在血糖供应低的时候，失去专注力。通常，高碳水化合物容易导致糖的“过山车”，如各种精制面食。粗加工的谷物能够更好地提供持续的大脑血糖供应，可以提高大脑的专注“体力”。

约翰 · 雅顿建议，每天早晨吃一个鸡蛋，可以提高记忆力。鸡蛋含有人体需要的各种氨基酸，同时还有提高记忆力相关的胆碱，能够有效提高大脑的工作效率。另外，适当补充蔬菜水果以及“好脂肪”（Ω-3脂肪酸），也可以提高专注“体力”。

3.1.3.5 通过有节奏的休息提高专注力

我们知道专注力是有“体力”的。凡是有体力的东西，都会有疲劳的问题。也就是说，专注力会“疲劳”。要想保持持续的专注力，就需要在适当的时候让专注力“休息”。这就是通过有节奏地使用专注力来更长久地维持专注力的“体力”。那么，究竟应该如何维持专注力的“体力”呢?

美国有一家员工效率监测公司统计了大量的员工数据后发现，最好的工作和休息时间的比例是52分钟工作加上17分钟的休息。这是一种工作的节奏。这种节奏同样适用于学习过程中的时间分配。

桦泽紫苑则认为，15、45、90这样的一组数字特别适合学习。他认为，15分钟是保持高度专注力的最有效时间。针对那些不需要很长时间完成的学习或工作任务，以15分钟为单位将获得最好的效果。45分钟通常是一堂课的时间，恰好也是3个15分钟。而90分钟是2个45分钟。专家通过研究人的脑电波发现，人的精神状态会以90分钟为单位进行周期变化。也就是说，每经过90分钟，人就会有20分钟的疲劳倦怠。所以，“90分钟—20分钟”也是一个专注力节律。

丹尼尔·平克在他的《时机管理》中提供了一个更为有效地找到自

己专注力“节奏”的方法。从早晨开始，每隔 1 个小时记录自己的状态，通过一周的记录，找到自己状态的节律，然后根据状态的节律来进行专注的学习时间调整。

3.1.3.6 一次做一事，提高专注力

我们总是过高估计自己的能力。有很多实验发现了这个问题。比如，高级教练马歇尔·古德史密斯曾经让 8 万名专业人员给自己的能力打分，70% 的人认为自己在同行中排到前 10%，82% 的人认为自己排在前 20%，而 98.5% 的人认为自己属于前 50%。[①] 这种过度自信导致很多人习惯于同时做多件事情，以为这样就提高了工作效率。心理学家发现，多任务模式并非能够同时处理多个任务，而是在不同的任务之间来回切换。这种切换本身也需要消耗大量能量。从一种任务模式切换到另外一种模式并进入状态最少需要 15 分钟的时间。也就是说，每一次切换都会浪费掉 15 分钟。这样算下来，如果切换 4 次，1 小时时间就没了。所以，要想进入高效深度学习状态，就一定要做到一次做一件事。如果在做事的过程中，产生新的好的想法怎么办？著名的时间管理专家、GTD 理论发明人戴维·艾伦告诉我们，当你在专注于一件事情的过程中，如果有新的想法，把它记下来，留待以后处理。这就是戴维·艾伦的“收集”理念。如果一种想法反复在大脑中萦绕，其结果必然是占用大脑的资源。

① 引自马歇尔·古德史密斯的《自律力》。

蔡格尼克记忆效应告诉我们，人们对尚未处理完的事情比已处理完的事情印象更深刻。把这件事记下来以后处理，是释放大脑资源的正确的策略。

3.1.3.7 通过冥想提高专注力

冥想是提高专注力的最有效的方法之一。威斯康星大学的神经心理科学家理查德·戴维森经过几十年的研究，对进行冥想练习几十年的高僧进行实验室的核磁共振扫描发现，这些高僧的大脑负责专注的区域要比普通人发达很多。同时戴维森也对那些短期冥想的人进行研究，也发现冥想与专注的高度相关。我们将在下一节专门讲述冥想与深度学习的关系。

3.2 冥想与深度学习

很多涉及高效学习的书籍会谈到冥想。美国有多个大学在研究冥想跟人的大脑的关系。比如：

- 威斯康星大学麦迪逊分校健康心灵研究中心。
- 麻省大学正念医学中心。
- 加州大学洛杉矶分校正念冥想中心。
- 牛津大学正念研究中心。

- 北威尔士班戈大学正念研究与实践中心。

从这些大学的正念冥想中心我们不难看出，正念冥想传播到美国以后，经过科学的研究以及去宗教化的过程，已经成为能够真正改善人们的各种能力的工具。来自世界的著名公司，包括谷歌、微软、IBM、宝洁、通用公司都在推行冥想的方法。英特尔公司每周四会抽出时间进行冥想练习。谷歌有专门的冥想室以及专门的冥想指导师。硅谷的很多人给自己设定了“互联网安息日”。比如，从周五晚上到周一，关闭大部分的电子设备，从而获得更多的平衡感和更多灵感。

3.2.1 冥想为什么能够提高专注力？

威斯康星大学麦迪逊分校的理查德·安德森是一位神经心理科学家，他对大脑的各种情绪机制做了 30 多年的研究，通过脑电波的分析手段，理查德·安德森发现了大脑的前额叶皮质与专注力的高度相关性。通过对进行多年禅修和冥想的高僧的实验，他发现长期练习冥想的人大脑前额叶皮质更发达。麻省理工学院和哈佛大学的科学家让一组受试人员进行 8 周的正念冥想练习，然后用脑磁图描记术（MEG）对其进行测试，发现正念冥想能够改造大脑的神经基础。冥想训练帮助大脑减少背景噪声，将注意力集中在经过挑选的信息上，让冥想者获得更高的专注力。

3.2.2 如何进行冥想练习？

3.2.2.1 冥想的准备

做冥想之前，需要做一些准备，包括使用的物品和姿势的调整。

几乎所有的冥想书籍在谈到冥想的姿势的时候，都会提到三个要点：

- 稳定。
- 舒适。
- 放松。

之所以要稳定、舒适和放松，是为了让冥想的过程更加顺利，避免身体姿势干扰冥想的过程。如果要做几十分钟的冥想，稳定就显得非常重要。而冥想过程中，如果身体不舒服，就会干扰冥想的练习。如果不够放松，那么身体的紧张感同样会影响冥想的练习。所以，冥想的姿势就是围绕这三个核心的要素来设立的。我们按照从脚到头的顺序来为你讲解冥想的正确姿势。

垫子与坐垫

如果席地而坐，为了保证舒适，冥想最好在一个垫子上进行。垫子的柔软程度要保证身体的舒适。而垫子的材质最好是天然的舒适材料，比如棉质或者羊毛材料。化纤的材料可能会产生静电或者其他不舒服的情况。

还需要一个蒲团或者坐垫保证臀部的舒适，同时，要让双脚略低于臀部。也就是说，臀部坐在蒲团上，而双脚双腿要放到垫子上。这样能够保证坐着的时候身体更加稳定。

如果是坐在椅子上练习冥想，椅子的软硬要适中，保证坐姿的舒适度。椅子的高度要适中，保证双脚落地落实。

双腿双脚

如果是坐在地面，可以盘腿而坐，也可以莲花坐。莲花坐是把左脚放到右腿上，右脚放到左腿上。莲花坐有一定的难度，对于身体柔韧性不好的练习者并不适合。本着舒适的原则，练习者可以自然地盘腿而坐。屁股坐在蒲团上，双腿放到垫子上。

如果是坐在椅子上，只要双腿落地落实就好。臀部要坐到椅子的边缘，不要深深坐下。

双手

如果是坐在蒲团上，双手要自然放到两条大腿之间，手心朝上。右手放到左手上方两个拇指的位置，差不多在肚脐的位置。在这样的位置上，双手双臂感觉最舒服。如果位置不合适，可以在双手下方垫上一小块柔软的垫子作为支撑。

或者也可以把双手放到两个膝盖上，手心朝下，双手自然握成空心拳。

如果是坐在椅子上，双手自然放到大腿上就好。

总之，手的位置以舒适为准。你觉得舒适就好。

腹部

腹部要微微向上收起。

脊柱

脊柱要保持跟地面垂直。要想保证垂直，你需要通过前倾后仰来调整脊柱的位置，找到一个最好的平衡支撑位置。《冥想的奇迹》作者诺瓦克这样描述："把自己想象成一个牵线木偶，头骨的顶部有一根线把你拎起来，让身体的其他部分自然垂下。"感受到你的脊柱就像被一根线连起来，拎起来，但是要放松而不是紧张。只有保证脊柱的平衡，才能让你在更长的时间里保持身体的稳定。

双肩

双肩要放松，微微向后，保持胸部挺直，要点是不要紧张。保持一种自然的挺直。

头部

要让你的舌头轻轻抵在上颚，不要紧张，下巴放松。头部要跟脊柱保持一个稳定放松的关系，保持跟脊柱在一条直线上。脸部肌肉放松。

眼睛

眼睛可以闭上，避免环境的干扰。如果容易睡着，可以把眼睛微微睁开，保持虚视状态。什么是虚视？就是眼睛不要聚焦到某一个物品上。若想体会虚视的状态，你可以把手掌放到眼睛前方很近的位置，近到看不清手掌，然后把手掌拿开，保持眼睛的状态。这时候你眼睛的状态就是虚视。

以上就是冥想的正确姿势。对初学者来说，如何把握正确的姿势呢？当你进入冥想练习的时候，你可能会感觉到身体的不舒服状态，这时候你就能够有的放矢地进行身体的调整了。根据前面的文字指导调整你的身体状态。你不用去死记硬背姿势，只要以从脚到头的顺序，逐步调整你的姿势到最为放松、舒适和稳定的状态就好。

3.2.2.2 冥想练习

理查德·戴维森经过几十年的冥想研究和实践发现，想要提高专注力，可以通过四种类型的冥想练习来实现：

- 正念呼吸。
- 全身扫描。
- 专注一境。
- 无所缘禅修。

对于初学者，可以从正念呼吸和全身扫描开始，有一定练习基础的学习者可以练习专注一境和无所缘禅修。

正念呼吸、全身扫描和专注一境都属于有所缘禅修。有所缘禅修就是把注意力专注到特定的对象上。无所缘禅修则没有固定对象，让注意力捕捉大脑浮现的任何事情上，又不去干涉，只是观察。有所缘禅修可以锻炼你的专注于一种对象的能力，而无所缘禅修可以训练你更宽泛的专注能力，如对环境的觉察能力。

正念呼吸冥想练习是把你专注的对象放到你的呼吸上，当你走神的时候，重新把专注的焦点转回呼吸上来。这样不断在走神和专注之间进行转换，让你的专注力得到锻炼。全身扫描练习则是把你关注的焦点扩展，从你的头开始，一直到你的脚。用你的意念扫描你的全身。在此，我们主要介绍一下“专注一境”和“无所缘禅修”。

专注一境

1. 找到一个安静的不被打扰的地方，选择一个你的个人物品，可以是一支笔、一个打火机、一粒纽扣，任何东西都可以，只要是一个确实存在的物质而不是想象的东西即可。

2. 把你的注意力专注于这个物品上，眼睛盯着这个物品。如果走神了，只要慢慢重新把注意力转回到这个物品上就好。

3. 如果感到枯燥，请保持耐心。

4. 每天做一遍这个练习，每次 10 分钟。如果你发现自己在大多数时间能够保持专注，就延长 10 分钟。最后延长到 1 小时，就不要再延长了。①

无所缘禅修

1. 找到一个安静的不被打扰的地方，自然地坐在椅子上或者任何你认为舒服的地方。脊柱保持挺直，但不要过于用力。最好轻轻闭上双眼。意识处于放松状态，不要聚焦于任何念头。

2. 你的内心保持一种开放的状态，保持对环境的觉察状态。不专注，不松散。

3. 对于任何进入你的大脑意识层面的内容，也许是图像，也许是场

① 引自理查德·戴维森的《大脑的情绪生活》。

景，保持适度的关注。不要去思考对象和研究对象，只是看见或者觉察到就好，不要追随。对于浮现的意识内容，你可以这样对自己说：我看到了……我知道了……

4. 对于浮现到你意识层面的东西，对于最清晰的对象，投入你全部的注意力。你只要关注这个对象，但不要与之对话，也不要对其加以思考。你只需要观察它，不进行任何分析研究。你只是看见。你是旁观者。

5. 通过这样的过程，你会感受到一种全然开放的状态，心灵感受到一种辽阔。欢迎任何念头进入，保持你的感知的原状。不要试图理解，也不要有意忽视。保持你的沉静观察。

6. 当你发现你的意识转移到其他的念头上时，保持客观的观察状态，不要干扰也不要加强，任其在你面前呈现它的样子。不要与它交流。

7. 这个练习可以持续做 5~10 分钟。

3.3 本章总结

打造深度学习的精神基础，就要创造一个专注的状态。

建立专注的对象，才能有的放矢。

适度的压力会让你更加专注，可以通过设置截止日期来给自己一个压力。

日常生活中，只要有心，随处都可以进行专注力的练习。

正确的饮食结构是建立专注力必需的身体基础。

有节奏地休息，保证在没有超过疲劳极限的情况下快速恢复状态，恢复专注力。

每次只做一件事，让自己进入专注的状态。

冥想是提高专注力的很好的方法。可以采用无所缘禅修和有所缘禅修来练习专注力。

3.4　行动指南

专注力就像肌肉，可以通过练习获得。

1. 选择一个目标，并以此为专注的对象。

2. 给自己一个截止时间，比如通过番茄工作法来锻炼并保持专注。

3. 日常生活中，通过专注于手边正在做的每一件事，来有意识地锻炼自己的专注力。

4. 建立自己的工作休息节奏清单，保证专注力的恢复。

5. 通过冥想练习，稳定持续提高专注力。

第四章　打造深度学习的环境

据说诗人席勒写作的时候需要一张放满了烂苹果的书桌，小说家马塞尔·普鲁斯特写作的时候需要一个软木装修的工作室，塞缪尔·约翰逊博士需要一只打呼噜的猫、一些橘子皮和一杯茶。

不同的人，对于深度学习的环境有不同的需求。有些人对环境中的噪声特别敏感，只要稍微有一点声响就会受到影响。有些人反而不喜欢特别静的环境，安静会让这类人有窒息感。通常选择环境的原则，要以能够保障、提高专注度为标准。

4.1　大师打造环境的哲学

卡尔·纽波特在他的《深度工作》中根据不同的环境，划分了四种环境创造哲学，这四种模式同样适用于深度学习。四种模式分别是：

- 禁欲主义哲学（Monastic Philosophy）的环境。

- 双峰哲学（Bimodal Philosophy）的环境。
- 节奏哲学（Rhythmic Philosophy）的环境。
- 新闻记者哲学（Journalistic Philosophy）的环境。

4.1.1 禁欲主义哲学的环境

尼尔·斯蒂芬森（Neal Stephenson）是一位科幻小说作家。如果你去他的网站看，他会这样告诉你如何联系他：

我的文稿代理人是 ×××

我的电影代理人是 ×××

我的公关是 ×××

斯蒂芬森说："在任何情况下都不要试图给我邮寄实物的东西，包括信件、书籍、任何物理上摸得到的东西。如果我收到这些东西，我会扔掉。"

尼尔·斯蒂芬森在他的网站上写道："如果每天有连续的时间，比如 4 小时来写小说，我就能写得很好，但是如果被打断，我就无法写出好的东西来。如果我接受各种邮件以及各种演讲，我可能就会成为一个很差劲的'记者'，同时也无法成为一个好的小说家。因为你们知道，好的小说是删除了大量的垃圾以后筛选出来的结果，而写邮件和演讲又无法筛选，所以我知道自己是一个蹩脚的演说家。就好像你看到一个电影演员演出的电影精彩绝伦，但是如果你跟这位演员本人接触，可能会大感失望。这就是为什么我会过一种看上去隐居的生活。我希望能为你们提供精彩的小说，而不是糟糕的电子邮件和演讲。”

尼尔·斯蒂芬森为自己创造的工作环境，就是“禁欲主义哲学”的环境。他切断了自己与外界的联系，专注于创作，让自己有大块的时间投入专注的状态中。因为只有这样极端的专注，才能写出被一代 IT 人奉为“极客（Geek）圣经”的小说《编码宝典》；才能成为比尔·盖茨、奥巴马都推崇的作家。他写的《七夏娃》将在 2019 年被改编成电影并上演。

禁欲主义的工作环境可以实现常人无法企及的深度学习和工作状态，获得一般人不能获得的成就。这种方式特别适合做一些需要极度深入思考才能完成的任务，比如科学研究、小说写作等。而这种专注的环境也非常难以获得，当事人需要过几乎隐居的禁欲生活。尼尔·斯蒂芬森把自己“藏”起来，就是为了达到一种极端的深度和高度。而且这种极端的把自己“藏”起来的方法，要求你有极高的自信。如果你是一个自由职业者，一定要有条件给自己创造一个这样无人干扰的环境，才有可能模仿这种禁欲主义的专注模式来进行工作。大多数人会因为无法忍受这种孤独的状态主动联系周围的人，这就等于自己给自己增加了干扰。所以有很多作家喜欢搞一些签名活动，搞一些读者见面会，增加一些人气粉丝，让更多的人知道自己。尼尔·斯蒂芬森认为这只会让自己变成一个蹩脚的“演说家”。

4.1.2 双峰哲学的环境

微软的缔造者比尔·盖茨有一个习惯，他会定期把自己“藏”到一个没人干扰的湖边小屋进行长达一周的思考，有时候也会冥想。据说，1995 年他通过这样的思考周，写了“互联网浪潮”（Internet Tidal Wave）备忘录。

哈利·波特系列小说作者J. K. 罗琳（J.K. Rowling）在写哈利·波特系列最后一部《哈利波特与死亡圣器》的时候，发现在苏格兰爱丁堡的家庭办公室中越来越难进入专注状态，于是试着住进爱丁堡市中心的巴尔默勒尔酒店五星套房。一开始她并没有想长期住在这里写作，但是她发现这里的效果很棒，于是不断回到这里坚持写作。最后在这个酒店，她完成了哈利·波特系列的最后一部并大获成功。

比尔·盖茨和罗琳的这种工作环境，卡尔·纽波特称其为“双峰哲学”专注工作模式。这种模式的特点是，定期进入一段不被人打扰的工作期。在此期间完全排除干扰。这个方式与“禁欲哲学”专注工作模式的不同点在于，后者更多的时间是把自己“藏”起来。而双峰哲学的方式，会在专注和非专注之间来回穿插。他们会在平时过普通人的生活，仅仅是在“需要”的时候，把自己“藏”起来，进入一个不被干扰的环境。

28 岁就成为沃顿商学院终身教授的亚当·格兰特（Adam Grant）采用的也是双峰哲学的专注工作模式。他每周会有 2~4 天彻底封闭与外界的往来，专注于工作中，而其余的时间则非常平易近人，容易接触。我们都知道他著名的《沃顿商学院最受欢迎的成功课》（*Give and Take：A Revolutionary Approach to Success*）一书，就是在这样的环境中完成的。

双峰哲学适用范围更广一些，适用于公司的 CEO、作家、自由职业者等。这种环境与工作模式强调的是一种专注和放松的平衡。这种模式容易被更多人接受，也能够获得高质量的产出。据说，著名心理学家卡尔·荣格也是这种专注模式。他有时候把自己关到苏黎世的乡村小屋专注工作，有时候回到大学讲课以及跟家人在一起。

4.1.3 节奏哲学的环境

恐怖小说大师斯蒂芬·金在他个人的回忆录《写作这回事》中写道：

“我本人的时间表基本很清晰。上午用来写新作品，下午小睡一会儿，处理信件。晚间用来阅读、陪伴家人、看电视转播的红袜队比赛，如果有稿子非校不可就校稿子。我主要的写作时间基本在上午。”

斯蒂芬·金的这种模式就是“节奏哲学”的环境模式。他把一天的时间划分成三个部分，按照自己的安排来进行工作。上午是专注时间，下午和晚上则进入相对放松的阶段。这种有张有弛的专注工作方式可以为大多数人所接受。节奏哲学的环境模式，需要你养成一个固定的习惯，获得一个专注的时间段。在专注时间段里面，要关闭电话和各种媒体的干扰，才能够真正实现这样的专注状态。在当今这个娱乐至死的时代，想要抵制各种信息的干扰，确实有很大的难度，需要努力培养这样的习惯。

这种节奏哲学的工作环境适合各种知识工作者。如作家、教师、高级管理人员等。实现的难度在于能否养成好的习惯。在当今这丰富的干扰世界中养成这样的习惯有很大的挑战，恰恰也是一个机会。

4.1.4 新闻记者哲学的环境

《史蒂夫·乔布斯传》的作者沃尔特·艾萨克森（Walter Isaacson）是《时代周刊》记者。记者这份工作常常遇到的问题就是催稿。在不断被催稿的强化锻炼过程中，艾萨克森练就了一种能够随时进入专注状态的能力。**这种随时能进入专注工作状态的能力，被卡尔·纽波特定义为“新闻记者哲学环境模式”，**卡尔·纽波特本人也推崇这种模式。

我们都知道，进入专注状态需要时间。从A任务转换到B任务的过程是这样的：

- 停止A任务。
- 将A任务的数据从大脑的工作记忆区域移到临时记忆区域。
- 清空工作记忆。
- 从长期记忆或者临时记忆中读取B任务的数据，将之放入工作记忆。

- 集中注意力，开始B任务。

如果频繁改变任务，就会频繁执行上述过程。对于一般人来讲，这样的频繁转换只能意味着浪费时间，没有结果。只有那些真正的高手，才能在不断的转换任务中游刃有余。对于新手来讲，不提倡这样的专注工作模式，因为很难进入有深度的解决问题状态。不过，如果你从事的工作非常琐碎，倒是可以练习这样的专注能力。想要有这种能力，首先必须要高度自信，相信自己能把所有的事情都搞定才行。艾萨克森作为一个最优秀的记者，在做记者的过程中，完成了大量高质量的、史诗级的传记包括《列奥纳多·达·芬奇传》《爱因斯坦传》《史蒂夫·乔布斯传》等著作，而且担任 CNN 的董事长。如果没有高度的自信和能力的支持，有这样多个角色的艾萨克森又如何能如此高产高质？

卡尔·纽波特也是一个使用新闻记者哲学环境模式的高手。作为一名计算机科学家，他需要完成大学教授的课程任务，还要参加各种会议，同时完成了诸如《如何成为有效学习的高手》《优秀到不能被忽视》《深度工作》等著作。最近的新书《数字极简主义：在繁杂的世界里选择专注的生活》也马上就面世了。所以，新闻记者式的专注工作模式确实很棒，但是也并非一般人能够做到。

哈佛大学的心理学家威廉·詹姆斯（William James）认为，专注包含两个方面的含义，一方面是收集某方面信息的心理能量，另一方面则是排除各种干扰的能力。我们看到上面的四种环境模式都在力图排除环境的干扰。其中禁欲主义哲学的环境最为极端，新闻记者模式的环境干扰最大。创造一个不受干扰的环境是专注并高效的必要条件。我们需要想办法给自己营造一个能够“藏”起来的条件，同时练就收集某方面信息的心理能量。这个心理能量就是你要获得某方面知识技能的强烈动机。

4.2 打造你的个性化深度学习环境

4.2.1 在家里打造一个良好的深度学习环境

实际上，家并不是一个很好的学习环境，因为家里的干扰太多。比如，如果你的意志力不强，很可能会打开电视机看一会儿，然后时间不知不觉就过去了，甚至你可能会想着一边看电视一边学习。家里的冰箱里的食物随时可能诱惑你去打开它；家人的聊天也许会让你无法集中注意力学习；家中舒适的沙发或者床让你很想去躺一会儿。要想在家里学习，你首先要排除这么多的干扰，难度不小。如果你一定要在家里学习，就需要做一些“功课”。

● 找到一个封闭独立的环境。如果在家里工作或者学习，你需要一个安静的、不被打扰的房间。如果家里的人多，你要跟其他人打个招呼，让他们配合你。把你的房门关上。你学习的房间最好不要有床。

- 隔绝噪声干扰。如果其他房间有人听音乐或看电视，可以让他们小点声或者用耳机。
- 聚光灯效应。你可以用一个光线很好的台灯，使光线照射到你的学习区。这样会压暗周围的环境，让你聚焦到你的深度学习中。
- 做好准备。学习之前，准备好各种学习用具，避免不断离开桌子去取东西如需要的水杯。
- 清理书桌。在书桌上不要放干扰你的视觉或你的心情的物品，比如书桌很乱可能会干扰到你，书桌上有照片可能会让你浮想联翩。清理书桌并不表示要把书桌清理到一尘不染，只要适合你的学习习惯就好。
- 建立仪式感。尽管是在家学习，也不要穿着睡衣。这样会让你很放松，缺乏学习的氛围。所以，在家学习也要穿好衣服，就像在上课或工作一样，从心理上建立一个学习的氛围。

4.2.2 在图书馆学习

图书馆可以说是一个几乎没有什么缺点的学习场所。你周围都是在学习的人，可以互相激励，正向提高你学习的动力。图书馆有很多参考书，方便你随时查询参考。图书馆通常很安静。据说马克思的《资本论》就是天天泡在图书馆完成的。图书馆可能的问题是距离你的住处很远。这种情况下，如果跑那么远的路可能在时间上不合算。如果你是一个上班族，好不容易有了一个周末，可能想做的事很多，不想把时间都投入往来图书馆的路上。如果你居住的城市规模还算可以的话，各个区都会有区级图书馆，甚至街道可能也有图书馆。这些图书馆会拉近与你家的距离，路上也就不会浪费太多时间了。找到这样的图书馆资源，作为你的一个可选的深度学习的场所。要留心你上下班路上的各级图书馆，或者大学的图书馆，这样在你下班后，如果有时间就可以顺便去图书馆学习一会儿。

4.2.3 在咖啡馆学习

通常咖啡馆的环境要比图书馆嘈杂些，有时灯光也比较暗，但如果你所在位置的灯光还能够接受，咖啡馆总体上还是比较适合专注的深度学习的。如果你家附近有一处咖啡馆，会是一个不错的选择。咖啡馆营业的时间通常要比图书馆晚，也适合你在晚上的时候安静学习。如果你是过集体宿舍生活的人，晚上大家的睡眠习惯不同，就可以考虑在咖啡馆多待一些时间。

4.2.4 在麦当劳或肯德基

麦当劳或肯德基的环境通常比较嘈杂，并不适合所有的人。但是如果你没有其他更好的环境，这两个地方也是一种选择。你可能需要多准备一些抗干扰的“设备”，如降噪耳塞。麦当劳或肯德基这样的地方，有很多能够提供 24 小时营业的店，而且光线不错。有很多大学生喜欢在考试的阶段去麦当劳自习。

4.2.5 创造一个适合学习的桌面环境

想要获得更好的深度学习状态，你的桌面要清理一下。

- 保证桌面上都是跟学习有关的东西，以避免你的视线被干扰。比如，不要在桌面放照片、零食等物品。
- 使用一个好一点的台灯，压暗环境的灯光，点亮你学习区的灯光，可以让你的精神聚焦在工作区域，避免其他区域的视线干扰。
- 把工作需要的所有用品都放到桌子上，方便使用，避免不必要的中断。最好再准备一杯水。最好是有盖子的水杯，以防水溅出。
- 选择一个合适高度的椅子。所谓合适的高度，就是你坐下去后，双臂的位置恰好能够很舒服地写字或者操作电脑。椅子的靠背要舒服，这样能够保障你长时间学习不容易疲劳。

4.2.6 关闭电子设备干扰

电脑的提示声，手机的铃声，短信、微信等提示音，是干扰的重要来源，需要屏蔽。这可能比较难，很多人已经养成了不时看手机的习惯。对我们普通人来讲，没有什么事情是需要马上去回复的，所以学习时可以直接把电子设备关掉，在其他时间集中回复。如果你使用的是苹果手机，可以一键设置不被干扰的时间。你可以设置：

在 1 小时后恢复正常。

离开当前的位置以后恢复正常。

当天晚上恢复正常。

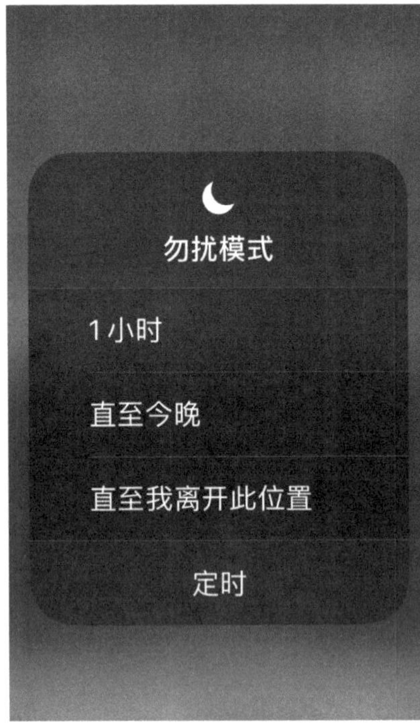

勿扰模式

4.2.7 适当的音乐背景

有些人学习的时候喜欢放音乐。这种方法可以使用，但是并不适合所有的人，要根据你的情况来定。使用背景音乐也有技巧。

- 不要使用有歌词的音乐，因为这些歌词可能会让你产生其他的联想，干扰你的深度学习。但如果是听不懂的歌词，就没有问题了。比如，你听不懂西班牙语，就可以放西班牙歌曲作为背景。

- 最好使用没有歌词的古典音乐作为学习的背景，如莫扎特的音乐。

- 背景音乐的音量控制要注意。声音要小到能够听到，当你专注于学习的时候，你甚至可能听不到音乐声。根据你的专注情况，音乐声若有若无，就是恰到好处了。

4.3 本章总结

要想进入深度学习的状态，需要进入专注模式，而进入专注模式，需要创造适合专注的环境。大师们给我们做了创造专注环境的榜样。

禁欲主义哲学的环境是把自己封闭起来，切断所有与外界的联系，获得一种极致的深度学习环境。

双峰哲学的环境让你在专注的深度学习和正常的家庭以及社会生活之间进行切换。这种环境更适合大多数人的生活习惯。

节奏哲学的环境是通过建立一个个人的学习和生活习惯，做到在不同的时间段做不同的事情。该专注深度学习的时候，就进入深度学习的状态。生活有规律，有节奏。在不同的状态中自由转换，游刃有余。

新闻记者哲学的环境特别适合当下这个高强度的信息干扰的环境。要能够随时进入专注的模式，需要长期的训练。等于是在高度干扰的环境下保持专注。

我们大多数人没有条件进入禁欲主义哲学的环境中，也不容易使用双峰哲学的环境。所以，我们更需要为自己尽量创造一个干扰小的环境。比如，在家里通过减少环境的干扰来实现深度学习；找到一个合适的图书馆，考虑其与住处的距离；或者选择咖啡馆、麦当劳、肯德基等环境。在这些环境中，关闭电子设备，避免各种声音和视觉上的干扰。根据你自己的情况，也可以考虑用适当的背景音乐来减少环境的其他干扰。

4.4 行动指南

1. 选择一个或几个适合你的学习环境，如家、图书馆、咖啡馆等，作为你在不同情况下的备选方案。

2. 根据你选定的学习环境，切断各种干扰因素。包括切断视觉干扰（如使用合适的灯光，合适的桌椅环境）、切断声音干扰（使用降噪耳机，听音乐）、切断生理干扰（防止口渴，饥饿等）。

3. 在深度学习的状态时，关闭电子设备。电子设备可能是当前最影响你进入状态的一种干扰。

4. 建立一个学习的仪式感。当你要学习的时候，正襟危坐，准备好学习用品，带着一定要进入深度学习的决心去学习。

第五章　善用你的深度学习核心处理器——大脑

大脑是深度学习的“核心处理器”。想要深度学习，就更充分利用大脑。尽管人人都有一个大脑，但是不见得人人都能够很好地使用自己的大脑。要想用好大脑，首先一定要了解大脑的特点。

5.1　了解大脑的特点，更好地利用大脑

大脑有两个重要的特点，一个是“懒惰”，另一个是“自动化”。

我们都知道，要想学好知识，就需要勤于思考，但是大脑的“懒惰”天性却让我们懒于思考。举一个简单的例子，我们想要买一双鞋，到商店看到琳琅满目的鞋，选来选去就会觉得太累，不想选了。选择的过程就是使用大脑的过程。“选择”这件事让大脑疲惫不堪，懒得选了。大脑为什么会变懒呢？人类的大脑虽然只占身体总重量的 2%，却需要消耗人体总能量的 25%，是一个“吃能量大户”。在人类亿万年的进

化过程中，食物的获得并非都像现在这样方便。为了保护身体的能量，大脑变得“懒惰”起来，会尽量避免能量消耗。这是一种节能的需要，并非大脑真的懒惰。所以我们在生活和工作中，往往会遇到这种“不想思考”的情况，这就是大脑的能量保护意识在起作用。基于这种“能量保护”意识，大脑又进化了一种能力，就是“自动化”能力。所谓的“自动化”能力，就是把我们生活和工作中经常遇到的问题变成自动执行的程序，不经过大脑思考就能直接完成。这种自动化能力同样起到了节省大脑的能量资源的效果。所以，大脑的“懒惰”天性发展出了“自动化”的能力。比如，生活中，我们每天吃饭、洗漱、穿衣服、走路坐车或者开车上班，这些都不需要用大脑去思考，都是自动完成的活动。你不用思考要走哪条路去上班，也不用考虑开车的时候什么时候踩刹车、什么时候踩油门、什么时候换挡。在工作中，当对工作的内容熟悉到一定程度的时候，就会有很多部分不需要大脑的思考，也能够自动完成。

每当我们学会并熟练掌握了一项技能，大脑就把这项技能变成自动完成的动作。所以，我们可以利用大脑的这个天性，不断建立各种有效的“程序”，把要做的事情转换成套路，固化成我们自动的行为。当再遇到类似的问题，我们就可以让这个套路自动运行。这不仅可以省去大量能量耗费，最重要的是可以省去大量的时间。

比如，把每天的例行工作做成一个个清单，当反复执行一段时间以后，清单的步骤就固化成你的自动行为。你就可以“脱单”工作。通过大量这样自动完成的清单，就能实现你大脑的高效运行。这样省下来的大脑资源，就可以用于更难的需要深度学习掌握的事情上去。有人说，厉害的人就是比一般人多了很多很好的习惯；而普通人，就是比厉害的人多了一大堆坏习惯。所以，通过把各种可能的行为变成自动执行的行为，你就能够成为一个有深度学习能力的人。

我们进行深度学习的过程，就是不断把各种技能变成自动的套路，然后不断学习新的技能、不断深化的过程。

5.2 大脑的两种思维模式与深度学习

我们都体验过两种状况，一种是专注于某一件事的状况，另一种是走神的状况。这两种状况就是学习过程中大脑的两种思维模式。

认知心理学研究发现，人的大脑有两种思维模式，一种是专注模式（Focused mode），另一种是发散模式（Diffuse mode）。这两种模式会交替在人的大脑中出现，完成人类思维的各种过程，两种过程从来不会同时触发。当一个人处在专注模式的时候，就不可能是发散模式，反过来也一样。

专注模式就像一束激光射在专注的对象上。这种模式主要用于处理理性的问题，比如运用逻辑思维解决各种思维难题。专注模式主要由大脑的前额叶区控制。当你专注于一个问题的研究时，就会触发专注模式。专注模式可以让你进行更深入的思考。在这种模式下，你的大脑会调动记忆中所有能调动的跟聚焦事物相关的信息，来集中思考和解决问题。

发散模式会在人的大脑放松的时候触发。目前还未发现发散模式由大脑的哪一个区域控制，似乎是多区域共同作用的结果。发散模式最大的价值就是当你用专注模式思考问题遇到困难，无法进行下去的时候，如果通过休息来触发发散模式，经常会灵机一动就找到解决问题的关键。据说爱迪生的很多发明就是在发散模式下灵机一动找到的灵感。所以，发散模式有时候反而是解决关键问题必需的思维模式。比如，牛顿从苹果落地发现万有引力定律。并不是说牛顿什么都没想，苹果一落地就产生灵感；这之前，他一定经过很多复杂的思考，也就是专注模式的思考，但是没有找到答案。发散模式触发了他的灵感。发散模式可以从更大的范围去寻找答案。

当我们持续用专注模式去学习、解决问题而苦于找不到答案的时候，一定要想到适时启动发散模式来获得灵感。比如，写作的时候，当冥思苦想没有思路时，你可以到外面散散步。《安静的力量》的作者皮柯·耶尔说：

“只有当走入止境的时候——静坐，或是让大脑放松——我才能发现那些自然涌现的思绪比我自己刻意寻找的更加新鲜，更具想象力。”①

---

① 引自皮克·耶尔的《安静的力量》。

我们都有过这样的经验，做一道难题的时候，怎么想都想不出答案来，但是离开书桌转一圈回来，可能恍然大悟，答案就在眼前。

要特别注意的是，没有经过专注模式的努力，不一定能触发发散模式的灵感。只有当专注模式进行到一定程度的时候，发散模式才有可能起到关键作用。也就是说，你需要首先进行专注思考，而且要思考到一定的程度，比如1个小时或者更长，然后再休息，启动发散模式。通过两种模式交替作用，才能不断解决遇到的各种难题。

这两种思维模式给我们的启发是，当我们持续用专注模式不能解决问题的时候，就一定要从专注模式跳出来，启动发散模式。发散模式更有利于发现新思想，找到新思路。

如何启动发散模式呢？发散模式必须在放松过程中激活。所以在深度学习过程中，你需要放松。你可以：

- 散步。
- 听舒缓的音乐或自己弹奏乐器。
- 打盹。
- 洗个澡。
- 涂鸦。
- 开车兜风。
- 冥想。
- 睡觉。

散步是一种百试不爽的启动发散模式的好方法。著名的大作家查尔斯·狄更斯、简·奥斯丁、卡尔·桑德堡等都是在散步中获得了灵感写出传世之作。霍华德·格鲁伯是一位专门研究创造力的专家，他提出了3B 方法来启动发散模式，提高创造力：睡觉（Bed）、洗澡（Bath）和坐公交（Bus）。

在深度学习过程中，经常会遇到学习的“瓶颈”。这时候离开专注模式，启动发散模式，让自己的思路更开阔，从更大范围的信息中寻找答案，会获得意想不到的效果。当我们停下专注模式，放松和休息的时候，自然就启动了发散模式。

5.3 善用两种记忆模式，有效深度学习

有人喜欢这样评价自己，说自己就是记忆能力不行，但是思考能力还是很强的。这是一种认知错觉。一个人思考时，需要调用的恰恰就是大脑中的各种记忆。如果没有了记忆，或者记忆能力很差，拿什么去思考呢？深度学习需要进行深入的思考，而深入思考如果没有记忆的内容作为“素材”，自然就无法进入更深入的学习。

有一些喜欢学习的人，在看书或者看文章的时候，连续看很多内容，最后却记不住多少。为什么呢？其实这并不是记忆力的问题，而是由于不了解记忆的原理，没有学过记忆的方法。看书只是凭着一股热情，如饥似渴地看，然后就像熊瞎子掰苞米般看一本忘一本。这里

就涉及记忆模式的问题。认知心理学认为，人的记忆模式有三种：感觉记忆、短时记忆和长时记忆。当我们看书或者看文章的时候，我们看到的内容大多会留在短时记忆中。而短时记忆的容量有限。认知心理学家乔治·米勒（George Miller）在一篇论文中指出，人类短时记忆的容量是 7±2 个组块，也就是 5~9 个组块（一个组块可以是一个数字、字母、音节，也可以是一个单词、短语或句子）。所以，当你把大量的内容存入短时记忆的时候，一旦超过容量，旧的内容就被新的内容覆盖了。短时记忆是为了处理一些问题而留在大脑中的短暂记忆。在当前信息爆炸的时代，我们的大脑经常充斥大量的临时信息。旧信息不断被新信息覆盖，导致我们实际的记忆效果低下。比如，在手机上看信息时，商家为了吸引眼球会不断给我们输送有吸引力的内容，我们也不断被新的兴趣点吸引，不断看新的内容，导致大脑获得的信息远远超过正常短时记忆的容量。看了一天的文章，到了晚上发现没记住多少。

长时记忆是永久性的记忆。到目前为止，科学家们认为，人类长时记忆的容量一直没有用尽。也就是说，人类大脑的容量足够一生记忆之用而且用不完。长时记忆就像电脑中的硬盘，是永久存储的记忆。当我们把短时记忆中的内容“移到”长时记忆中的时候，我们就彻底记住这些内容了。那么，如何才能把短时记忆中的内容“移到”长时记忆中呢？我们将在下面的内容中探讨。

所以，在学习的过程中，要考虑到记忆的特点，不能把太多的内容一股脑放入短时记忆中，把短时记忆的内容适时移入长时记忆，才是有效的学习。

5.4 记忆的技巧

那么，如何把短时记忆的东西移入长时记忆呢？也就是说，如何把短暂记忆的东西，变成长期记住的内容？这里有五个技巧，可以帮你更好地记住学习的内容。

5.4.1 建立联系

我们之所以能够记住一件事情，往往是因为把这件要记的事情与大脑中已有的信息联系起来。我们前面讨论了短时记忆和长时记忆。我们学到的新东西往往存在短时记忆中，很容易忘记。我们需要把想要记住的东西与大脑中长时记忆的内容联系起来。当我们需要调用新的知识的时候，从我们的长时记忆中寻找线索，唤醒新记忆的内容。比如，很多人记不住自己设置的密码。如果把密码跟与自己相关的信息联系起来，就很容易根据线索来记住密码。比如，这个密码 leo23390，看上去没什么规律。这是用姓名为“李卫国”的人的相关信息构建的密码。l 是姓的拼音（li）的第一个字母，e 是名字“卫”（wei）的第二个字母，o 是名字“国”（guo）的第三个字母，而233是名字的拼音字母个数，姓用了两个拼音字母，名的拼音字母都是三个，而最后的两位数，则是李卫国的出生年份。这个线索看上去复杂，但因为跟李卫国的个人信息高度相关，所以李卫国本人很容易回忆起来。

建立联系的技巧，有三个原则：

准确、相关

要记住信息，建立信息与联想对象之间的准确和相关关系。比如，我们想要记住一组词：不评判、耐心、初心、不争、放下、接纳、信任。我们可以把这些词设计成子女劝吵架的父母的方法：当父母吵架的时候，让父母重新想到结婚的初心，一定是因为相爱，既然相爱，当然就要相互信任，接纳对方。放下分歧，不为无意义的内容争吵。作为子女，在劝架的时候对父母的分歧不评判，保持耐心。

这七个词是冥想练习者需要拥有的心态。把这七个词变成一个有意义的内容，我们就能够容易记住这些词。看上去好像我们要记的更多了，但是实际上记忆的难度却减小了。著名记忆专家宇都出雅巳在他的《高效工作记忆法》中告诉我们：“为要记忆的目标信息增加关联信息，不仅会提高信息的重温频度，让记忆扎根。同时还增加了抵达记忆的‘入口’数量，可收更易回想之效。”

前面例子的七个词中，不评判、耐心与劝架子女的心态和行为准确相关，而初心、不争、放下、接纳、信任恰好是吵架的时候重新恢复正常关系需要做的事情，与恢复关系准确相关。

不过，我们在建立关联的过程中，可以适当牺牲准确性，只要建立容易唤醒的联想，就能起到记忆的效果。所以在设计关联的时候，要根据自己的具体情况来进行设计。

组块化

建立联系的第二个原则是组块化。什么是组块化呢？比如，你要记住一组数字 80706050。这组数字，可以分成 4 组，80、70、60、50，十位数字从 8 到 5 递减。这样就很容易记住这组数字。

组块化的方法是把一段需要记忆的内容进行分组，建立更容易记忆的模块，然后通过记住这些模块记住需要的信息。

要想把信息分组，就需要从信息中找到规律，按照规律进行分类，每一个分类为一个组块，这样要记的信息数量就变少了。我们知道，大脑的工作记忆只能记住四样内容。通过组块，可以让我们记住更多。组块为我们记忆提供了线索，如下面一组词：

窗户、桌椅、门、沙发、板凳、墙壁。我们发现，这些词可以分成两类，一类是建筑内的陈设，比如桌椅、沙发、板凳；另一类是建筑的结构，比如门、窗户、墙壁。这就是分类的方法，这样把六个词分成两组，每组三个词，就容易记住了。

与清晰结构的知识建立联系

很多记忆大师会使用这个方法，就是在自己的大脑中准备一些清晰结构的内容，与陌生的内容相关联，来记住大量陌生的东西。比如，世界记忆大师多米尼克·奥布莱恩就是用这样的方法，记住了六副扑克牌。

所谓的清晰结构的内容，可以是你熟悉的一些地方。比如，你的家从大门进来，到客厅、厨房、餐厅、卧室、厕所等，这些地方都是你熟悉的，只要闭上眼睛脑海中就能够浮现出来的地方，你对它们有着清晰的结构和记忆。在记忆的过程中，你可以把要记住的东西与这些熟悉的结构联系起来，就会更容易记住。比如，你演讲的内容先是开场白，然后是健康理念，再然后是社会关系，最后是亲密关系，你可以将这四个部分与你记忆中的家的结构联系起来。开场白—大门玄关，健康理念—厨房，社会关系—客厅，亲密关系—卧室。这样，你就很容易记住演讲的顺序和主题。

再如，要记一组数据：54532，如果按照结构的方法，你可以把这组数据记成 5 小时 45 分 32 秒。也就是按照时间的结构去记忆。时间结构的特点是分和秒都不会超过 60。

5.4.2 科学地重复

著名心理学家艾宾浩斯发现了记忆曲线，也叫遗忘曲线。他的记忆理论告诉我们，重复是记住的好方法。而合理的重复就是科学设计重复的间隔。重复时需要注意两点：第一，复习的间隔；第二，单次学习的时长。

重复的间隔

关于复习的间隔，艾宾浩斯认为，第一次跟第二次记忆的间隔，不要超过 2 天。

第二次跟第三次的间隔，不要超过一周。

第三次跟第四次的间隔，不要超过一个月

第四次跟第五次的间隔，不要超过三个月。

单次学习的时长

而时间的间隔也很重要。很多人喜欢集中时间去记东西，比如用一两个小时去记。研究发现，把时间变短，分多次记，更容易记住。

密歇根大学的教授在讲读书方法时说，如果你有 3 小时时间读一本书，最好把这 3 小时分成 6 个半小时，这样效果比一次读 3 小时好很多。

同样的道理，当你要背单词的时候，可以把半小时分成两份，每份 15 分钟。这个技巧告诉我们，碎片时间可以用来做一些重复记忆的事情。

这种把时间化整为零的好处是，一方面增加重复的效果；另一方面避免大脑过度疲劳，让大脑一直处在清醒的状态下进行记忆。

我们知道有一种“番茄工作法”。就是用 25 分钟专注地做事，然后休息 5 分钟。这也是一种把时间化整为零的方法。通过 5 分钟的休息，使大脑的状态恢复。

尽管很多人知道重复记忆这种方法简单有效，但为什么人们不喜欢用呢？因为人们总是喜欢把看过的东西当成记住的东西，只有当用的时候才发现远不是我们想的那样。这种现象叫能力错觉（illusions of competence）。我们往往过高估计我们的能力。最好的方法是考自己一下，马上就能够得到结论。比如，看完一段书上的文字后，合上书，马上问自己看到的是什么。另外，当我们记不住东西的时候，还会引发焦虑，觉得自己记忆力太差了。事实是并非我们记忆力差了，而是缺乏重复。

软件

有很多卡片软件是按照艾宾浩斯的记忆曲线设计的。用这些卡片软件学习，能够达到事半功倍的效果。

5.4.3 利用不同的背景环境记忆

密歇根大学的三位专家做了一个实验，让两组学生背 40 个单词，其中一组学生一直在一个房间背，而另一组学生中途换一个地方背。最后发现，换地方背单词的一组学生记忆的单词数比只在一个房间记忆的学生多出 40%。

这个实验表明，不同的背景环境会提高记忆力。不同的环境可以是不同的地点，也可以是不同的音乐背景。据说，完全安静的环境下记忆的效果远不如有些噪声的环境效果好。当然，噪声的强度不能太大，不要超过 70 分贝。不同的人对环境噪声的敏感程度不同，有些人更喜欢在没有噪声的环境下记忆。要根据自己的实际情况来安排。

想要应用改变背景环境的方法，我们可以充分利用在路上的各种碎片时间来记忆。如地铁公交、超市排队、机场等环境，或者散步的时候。可以在手机上做一个利用碎片时间的清单。当你遇到相应的场景，就可以启动你的学习模式了。

5.4.4 通过考试增加记忆

通常很多人在学习和记忆的时候，特别喜欢反复读和看。通过读和看能够有一定的记忆效果，但是更多的是产生记忆错觉，以为自己记住了。反复阅读让大脑感觉更轻松，好像记住了知识，但是往往一考试就会发现问题。考试是获得记忆的方法。通过考试，大脑会唤起对考试内容的回忆，回忆的过程中能够发现记忆的问题。然后通过学习，疏通回忆的路径，记住所学的内容。回忆的过程就是思考的过程，就是建立联系的过程。而从读书、看书，再到记忆，中间缺少了思考的过程，自然就没有建立起相关的联系。缺乏思考是很多人的通病。

研究发现，最好的学习与考试时间分配是，用三分之一的时间阅读学习，用剩下的时间考自己。发现忘记的时候就立即复习，然后继续考。越是忘记以后再回忆起来的内容，记忆效果越好。

5.5 深度学习构建你的“知识大厦”

很多人平时很勤奋，学的东西也很多，就是当遇到事情需要使用知识的时候，却发现大脑一片空白。看完一本书，当别人让他介绍的时候，唯一能说出来的就是这本书很好看。之所以会有这种问题，是因为学到、看到的东西，就像一大堆建筑材料，这些建筑材料堆放在一起，并不能自动成为一个精美的建筑。它们只有“砌进”你的大脑中，才会变得真正有价值，成为真正的“知识大厦”。

那么，应该怎样做，才能把这些零散的知识变成一座“知识大厦”呢？

5.5.1 构建联系

当你学到一个新的知识，要想办法把这个新知识与你大脑中学过的知识联系起来。相当于把这个新知识“砌到”你已有的知识结构中，变成知识大厦的一块“知识砖块”。我们知道时间管理的核心就是把最重要的事放到第一位，做最重要的事。那么如何把清单法“砌”到时间管理中呢？我们可以通过列清单，收集需要做的事情，再利用80/20法则，找到清单中重要的20%。再从这20%中，找到20%更重要的，最后，就能够找到最重要的那件事，聚焦完成。这样，我们就把清单法与时间管理联系起来，列清单成了时间管理的一块“砖”，成了时间管理的一部分。

5.5.2 构建多种用法

你要通过构建新知识的更多用法来丰富你的知识大厦。比如，你在音乐方面的知识非常丰富，那么你就可以把音乐知识用到多个地方。比如，你可以把你对各种乐器的了解应用到组建乐队上。你了解各种乐器的音色适合表现的内容，可以判断它们适合用于哪首歌曲或者歌曲的哪些地方。你也可以把音乐知识用到如何放松人的大脑方面，为别人推荐适合大脑休息的音乐。或者，你还可以把音乐知识用到写影评上，可以分析电影的背景音乐在电影中的作用。你还可以把音乐知识用到教学上，帮助那些想要学习更多音乐知识的爱好者提高音乐修养。

当你把学到的知识用于越多的地方，这个知识在你的知识大厦中就越牢固。

5.5.3 探索内部的联系

要探究知识背后的内在联系。大多数人学习是浅尝辄止的，如果能够稍微往前走一步，思考得更深入，就会到达一个新的境界。这就是深度学习的价值。比如，孔子说："三人行，必有我师。"很多人可能就理解为三个人在一起走路的时候，其中一定有我的老师。那么两个人在一起是不是就没有老师了呢？四个人或者更多呢？所以，把三人行理解为只有三个人或者至少有三个人，都是片面的理解。孔子说这句话时并非特指三个人，是说凡是有人的地方，就有可能学习到知识。那么，为什么孔子一定要用"三"这个数字呢？我们放眼回顾一下，中国古代很多词都会带"三"，却并不是特别指三个。比如，"不孝有三，无后为大"的"三"，比如"事不过三"的"三"，都是"多"的意思。

所谓的探究知识背后的内在联系，还表现为当别人已经停下来的时候，你还向前多迈了一步，你的认知自然就会比别人深入一个层次。人与人的差别可能就在这往前迈出的一步上。

通过应用新学到的知识，建立知识之间的联系。探究知识背后的内在联系，你就把学到的东西都变成了你的“知识大厦”中有价值的建筑材料，为你的知识大厦添砖加瓦。

5.6 本章总结

大脑是深度学习的核心处理器。

要善用大脑的两种思维模式：专注模式和发散模式。通过这两种模式的相互作用，解决深度学习中遇到的难题。

记忆有两种模式，短时记忆和长时记忆。要根据短时记忆的特点来进行学习，避免资源的浪费。把短时记忆转入长时记忆，可以通过建立联系、科学地重复、利用不同背景以及考试来达到目的。

深度学习并不是学习一大堆知识，而是要构建知识大厦。构建知识大厦要通过构建联系、构建多种用法和探索内部联系的方法实现。

5.7 行动指南

- 在深度学习的过程中，遇到问题的时候，要考虑使用发散思维模式。可以通过散步、听音乐等方式来实现。
- 在记忆的过程中，要按照信息—思考—记忆这样的程序，而不是信息—记忆程序。其中，思考这个步骤要做的就是建立联系。
- 重复是最好的记忆技巧。要给自己设计一个有效的重复间隔。
- 学习的过程中，要建立知识之间的联系、构建不同用法，并探索内部的联系。

第二部分

深度学习的方法论

第六章　深度学习的核心方法：刻意练习

6.1　为什么我们要刻意练习

驾驶一辆汽车与驾驶一辆赛车的难度不同，显然驾驶一辆赛车成为冠军的难度更大。要想成为一名能够驾驶赛车而且成为冠军的选手，就需要刻意练习。刻意练习是从普通人成为专家高手的必经之路。

大多数人在一个技能达到初级水平的时候就会停下来，如各种体育爱好者，像足球爱好者、羽毛球爱好者等。很少人能够成为专业运动员，更少的人能成为冠军。

我们在社会上生存，就是要通过不断学习各种技能，获得更好的生存能力。比如，获得有竞争力的职场技能，学习自我管理的技能，以及学习的技能。把这些技能提高到更高的高度就需要通过刻意练习。

要想学习这些技能并上升到一定的高度，需要做的就是向有难度的事情挑战，或者说是向超出你的舒适区的东西挑战。人们在职场以及在各种环境中的能力差别就是解决有难度的问题的能力差别。深度学习要达到的，就是这种学会有难度的技能的能力。刻意练习就是达到这种深度的必经之路。

6.1.1 舒适区、学习区、焦虑区

在学习的过程，一个学习者对知识的掌握可以分为三种情况，已经掌握、需要学习和不能掌握。

对于已经掌握的知识区，我们称其为舒适区。这个区域的知识和技能学习者已经掌握，能够应用，所以处在舒适的状态。

对于需要学习的知识区，我们称其为学习区。这个区域的知识学习者还没有掌握，但是通过学习可以掌握。

对于通过学习仍然无法掌握的知识区，我们称其为焦虑区，也叫恐慌区。对于学习者来讲，这个区域的知识即使通过学习也很难掌握。

比如，一个人可以通过学习掌握驾驶技术。这个过程中，此人实现了从不会开车到能够开车上路，实现了驾驶技术从学习区到舒适区的过渡。但是如果想要从普通水平到赛车手的水平，就要重新进入学习区，不断提高驾驶技术。

人们通常都喜欢舒适的感觉，对于学习也是一样。所以大多数人对

技能的掌握处在一般水平。也就是说，对于某一项技能，掌握到能够用的程度就停下来。比如，现在的手机都有拍照功能，但是大多数人的拍照水平很普通，他们就是处在拍照水平的基础的舒适区。如果想要提高，就需要重新进入学习区学习提高，而学习区就不舒适了。

刻意练习就是把一个人放到学习区去成长，通过不断解决问题获得提高。一旦学会某一个级别的技能，进入舒适区，就要重新再把自己放回到新的学习区，学习更高级别的技能。通过这样的不断精进，实现从新手到专家的成长。

6.1.2 刻意练习的理论

刻意练习是心理学家安德斯·埃里克森提出的一种练习方法。这种方法可以让一个人实现从新手到专家的飞跃，比如奥运选手的成长，比如一个棋手的学习之路，比如一个小提琴大师的训练之路，都需要通过刻意练习来达到目的。

这种刻意练习的方法也可以用到任何技能的深度学习上，让你的竞争力获得提升。

卡尔·纽波特告诉我们：

“大多数人被卡在那些没有一套清晰的训练体系的工作上了。这也意味着很令人兴奋的一点：假如你是一名知识工作者，所在的领域没有什么清晰的训练体系，那么如果你能搞清楚如何将刻意练习融入自己的工作，就有可能在个人价值上超越你的同行，因为你很有可能是唯一专注于系统地取得进步的人。也就是说，刻意练习也许是快速让自己变得‘优秀到不能被忽视’的关键所在。”①

尽管很多人看过《刻意练习》这本书，但是很多人会认为这种方法只适合运动员、棋手、小提琴手等职业人士的技能练习，很少有人会把这种方法真正用到学习职场技能以及学习任何其他技能上。卡尔·纽波特为我们点破了这层窗户纸，他认为用刻意练习的方法能够训练一个人的职场技能，让你优秀到不能被忽视。

6.1.3 “伪”刻意练习

在用刻意练习这个方法的过程中，人们很容易把刻苦练习当成刻意练习。

比如，我们经常在网上看到有人说自己一年看了一百本书。还有人坚持每天做 3 件事，到了一年，分享出来，我们看到一个看上去很美很庞大的清单，每天 3 件，一年就是 1095 件，好有成就感。号称看了一百本书的人，你如果随便拿出一本书来跟他讨论，他可能就变得支支

① 引自卡尔·纽波特的《优秀到不能被忽视》。

吾吾，说不出什么。再仔细看看所谓的1095件事，好像也并不是让自己发生什么实质性进步的事，只是做了一些事情而已。当然，能够坚持每天做3件事，而且能记下来已经很不容易，很值得称赞，但是这种练习的效果却令人失望，因为这只是刻苦练习而非刻意练习。再如，很多人开了十几年的车，号称“老司机”，却永远不会成为赛车手。因为他的练习只不过从时间上看花费了1万小时，但是这个时间的使用不是刻意练习的方法。还有人学了十几年，仍然不能说出几句像样的英语。这些练习都是“伪”刻意练习。

刻意练习和刻苦练习的区别在于，刻意练习是专注于提高，刻苦练习是简单重复。有人会说，不重复怎么能提高？当然，提高确实需要重复。但是刻意练习的重复是与刻苦练习完全不同的重复，是离开舒适区的重复。刻意练习的重点不是每天做三件事，而是每天做哪三件事，才能让自己在某一个方面有所进步。刻意练习是在学习区的重复，是在重复中发现问题、解决问题、不断提高的过程。所以，刻意练习不是开了几十年车，而是每次开车都要考虑，我要提高哪一方面的技能。一旦解决了问题，马上到一个新的难度下练习。刻苦练习则是在舒适区的重复，是没有提高的重复。刻苦练习就是每天永远从单词表的第一个单词开始背。安德斯·埃里克森在他的《刻意练习》中提到一个例子，一个选手练习的时候，教练过来问：“你在干什么？”选手答：“我在练习。”教练说：“你不是在练习，你在击球。”也就是说，简单地重复击球，不能算真正的练习。

在生活中，我们会遇到很多这样的情况，比如练习体操时，很多人是在简单完成动作，而不是把动作完美地做到位。所以刻意练习与普通练习完全不同。深度学习需要的是刻意练习而不是普通练习。

6.2 什么是刻意练习

刻意练习是学习新技能的方法。这种方法要求学习者聚焦于自己想要完成的目标，以专注的状态，通过学习高手或者大师的心理表征，不断反馈学习过程中的问题，把自己放到学习区，不断进步。

6.2.1 刻意练习要求你要聚焦目标

所谓的聚焦目标，就是知道你想要学习什么以及要达到什么标准、什么水平。要想知道达到什么水平，你就要知道怎样才算达到这个水平。比如，你练习俯卧撑，想要实现每次能做 100 个俯卧撑的能力，100 个俯卧撑就是标准，你只要达到了，就算实现了你的目标。以这个目标为标准，通过练习 10 个、20 个、30 个这样的不断进步的步骤，来接近并实现 100 个的目标。每增加一个俯卧撑，就是你的一种进步，就是在学习区的进步。很多人在学习的过程中会“失焦”。就是说，学着学着就忘记了自己要学到什么程度，甚至连学什么可能都忘记了。比如，有些人早晨打卡，本来是要起来运动，最后经过一段时间，变成了只打卡而没有运动。再如，有些人喜欢用 App 记录自己的运动过程，当有一天忘记带手机，或者忘记打开 App，就觉得十分恼火失望。记录变得比运动本身更重要。这都是不够聚焦目标或失焦的表现。

6.2.2 刻意练习要求专注的状态

我们生活中大多数时候不够专注，比如吃饭的时候看手机，跑步的时候想着赶紧跑完好休息，看书的时候想着跟女朋友约会的事情。不够专注是一种习惯，如果你在某件事情上不够专注，你在其他事情上也同样会不够专注。不专注的结果，就是你无法实现从新手到大师的飞跃，你的时间变成垃圾时间。同样是练习 2 个小时，你的 2 个小时可能相当于别人专注的半小时甚至更少。使用垃圾时间，你的练习变成了垃圾练习，是没有进步的练习，或者说是停留在某一个层次的练习。不专注，就不是刻意练习。

6.2.3 刻意练习要求学习大师的心理表征

什么是心理表征？就是完成某种技能的套路或者行为模型，如一个教练员教给运动员的跑步的姿势、呼吸的方法、心态等，这些就是一个运动高手的心理表征。为什么要学习大师的套路？因为大师的套路有效。

大师的心理表征经过了实践的验证。跟一个“臭棋篓子”下棋，永远不可能成为高手。只有找到你想要学习的技能的专家，你才能更快地完成从新手到高手的飞跃。

6.2.4 刻意练习要求不断反馈

反馈是进步的重要渠道，反馈的内容则是你学习中遇到的问题。刻意练习过程中一定会遇到各种问题，不断解决这些问题才能够不断提高。比如，学习打乒乓球时，如果你只是一味地练习，尽管你的水平会有一定提高，但很难达到高手的水平。如果每一次接球都出现问题，就反思自己的动作有什么问题，经过高手的指点，纠正动作。下次击球可能还有另外的问题，再进行纠正。通过这样不断地反馈，获得技艺的提高。

6.2.5 刻意练习要求学习区的练习

前面我们讲过学习区的概念。学习区就是你没有掌握的知识领域。很多人特别容易在舒适区“不出来”。比如，一个人到一个单位从事一项工作，当他差不多掌握了工作需要的技能以后，就停留在“舒适区”。因为学习新技能总会比较痛苦，而已经掌握的技能如果足够应付工作中的问题，人就会停下来。我们要知道，社会一直处于变化之中，对于技能的要求不会停止。在人工智能飞速发展的今天，很多岗位可能已经不适合人来做了。如果不通过刻意练习来让自己不断在学习区进步，你很可能会被淘汰。

所以，刻意练习是聚焦你想要成为专家的领域，以专注的状态向大师学习他们有效的“套路”，通过不断反馈，达到不断提高的效果，把自己放到学习区，来实现从新手到专家的飞跃。

6.3 刻意练习的目标

刻意练习是一种有目标的练习。任何无目的的练习都不能叫作刻意练习。比如，有人说要每天做三件事，这就不是刻意练习。做三件事只是一个做事的数量，而不是结果。如果说做三件事为了达到某一个明确的目标，比如提高学习能力，这才是刻意练习。很多人有这种把方法当成结果的情况。比如，早晨打卡本来是为了达到某个目的，后来，打卡本身却变成目的，每天打完卡再接着睡觉。再如，微信有一个每天统计步数的程序，统计以后会有一个排行榜，能看到你的好友圈中谁的步数最多。有人买电子晃动装置，把手机放到上面，会模拟人走步的动作。这样，方法变成了目的，本来是为锻炼身体而设计的程序，成了毫无意义的计步炫耀工具。

刻意练习是一种有明确目标的练习。你希望通过刻意练习达到某种标准。在练习的过程中，通过不断接近你的目标，来检验刻意练习的成果。

在练习过程中，你会遇到各种问题，需要解决这些问题，来持续接近你的目标。

刻意练习的目标难度必须适中。什么是适中的难度？就是对于你来讲，这个目标能够完成，但是又不能很容易地完成。要有一定的难度，却又不能太难。比如，你想要通过练习实现每天做100个俯卧撑的目标。那么具体练习的时候，你不能每天都按照100个俯卧撑的目标去练习，因为也许现在你的能力只能做5个俯卧撑。如果每天都练习到你的极限，慢慢你就会厌倦这个目标，最后的结果就是停下来不练了。我们都知道，新年效应就是每到新年，人们就热衷于设定目标，但是没几个月就停下来了。这种问题就是因为你一开始过于兴奋，把每次完成的目标设定得太高，导致每天都被完不成任务打击，最后当斗志降到零，就停下来了。所以，目标的设定既要有难度，又要能够完成。

那么，怎样才能设置既有难度，又能完成的目标呢？这就需要你进行刻意练习了。也就是说，用刻意练习的方法来练习目标的设定和调整。这个时候，反馈就是极好的工具。当你发现任务太难或太容易的时候，就调整一下。如前面说的俯卧撑，你可以先做3个，做几天再调整到4个。如果觉得太简单，再增加一些。你还可以向专家学习练习的进度设计，实现科学练习。在这个练习的过程中，需要你耐心地进行反馈和调整。如果没有耐心，可能就会半途而废。那么，如何让自己更有耐心呢？

培养耐心最好的方法就是我们前面提到的冥想练习。

当你设置的目标难度适中的时候，你就会产生一种叫作“心流”的现象。你会感觉到愉悦和专注。对于你的目标，你因为能够完成而感到愉悦，同时能够专注于目标的完成过程。这个心流的概念，是由著名的最优体验心理学理论创立者契克森米哈赖提出来的。当你专注于有目的的任务，并能够完成这个任务，你完成任务的时候体验到的状态就是心流。在心流状态下，你的大脑会产生多巴胺，让你感到愉悦。如果任务太难或太简单，都不能产生心流状态。设置任务时，就是以能够让你产生心流的状态为标准。

所以，刻意练习首先一定要有目标，而且目标要清晰。也就是说，你知道你要去哪里。知道怎么才算完成了目标。然后，目标的难度要适中，不要太难，因为太难会导致目标无法完成，半路夭折。最后，在接近目标的过程中，需要有耐心，可以通过冥想的方法来练习耐心。

在朝着目标前进的过程中，要及时反馈，通过反馈修正问题、解决问题。

6.4 学习大师的心理表征

埃里克森的刻意练习理论有一个很重要的概念，叫作心理表征。什么是心理表征呢？心理表征就是大师、高手做事时的一种心理过程及行动套路。这个套路表现为一种完全游刃有余的心理活动，加上几乎不假思索的正确行动。比如，一个象棋高手在下棋的时候，并不需要思考每一步的各种变化，就能够下出正确的招式。

任何技能的刻意练习，需要找到高手的心理表征。

想要提高我们的技能的时候，我们需要找到一位名师。尽管好像人人都知道这个道理，但是往往会在实践的过程中就忘了这个标准。比如，你想要学习摄影，应该向谁学习呢？也许你会说，你也不知道名师在哪里。这其实是一种思维的懒惰和行动的懒惰。在互联网发达的今天，想要找到一个摄影名师而不是伪名师并不难。但是因为懒惰，你可能随便在网上找了一个摄影培训班就开始学习了。因为培训摄影的课程实在太多了。

比如，我们学习刻意练习的方法，应该跟谁学习呢？当然最直接的方法是跟刻意练习理论的创立者埃里克森学习。

有一个美籍华人黄征宇，是一个公司市值过亿的老板。他学习的过程就是一个寻找名师的过程。健身向阿诺德·施瓦辛格学习；情商课向提出情商理论的丹尼尔·戈尔曼学习。

也许有人会说，我没有机会向这些高手直接学习怎么办？埃里克森在《刻意练习》中告诉我们，如果没有条件直接跟高手学习，也可以通过间接方式向高手学习，比如学习高手的书籍、音频视频资料等，从而建立自己的心理表征。

美国国父富兰克林学习写作的过程就体现了一种自己设计一套心理

表征的方法。富兰克林看到有一份杂志叫《观察家》，上面的文章很不错，他就开始设计如何向这本书的作者学习。

首先，他希望能跟作者写得一样好。于是他就找到几篇认为不错的文章，用最为相近的方法写出跟原来作者类似的文章。逐渐地，他觉得这样写没意思，他感觉应该写出自己的文章而不是模仿。于是他就开始按照自己的想法重写文章，然后跟原文对比，找出差距，再更新，再写。

在这个过程中，他发现自己的词汇量跟《观察家》上的作者比，差距很大。如果词汇量不够，写出的文章就不够优美。于是他想出一个增加词汇量的方法，把《观察家》的文章改写成诗歌。他认为诗歌能够丰富词汇量。果然，通过练习，他的词汇量有所增加。

过了一段时间，等诗歌写得差不多了，富兰克林又把文章改写成散文。把文章从诗歌改写成散文的过程中，又丰富了词汇量。这简直就是对自己的一种近乎蹂躏的刻意练习。但是富兰克林用这样的方法确实提高了他的词汇量。

后来富兰克林发现，自己文章的逻辑性没有《观察家》上的文章好，于是又想办法练习提高自己写文章的逻辑。他的方法是在阅读《观察家》文章的过程中，给一篇文章的每一句写下一个线索，每一个线索都写在一个字条上，然后把这些线索打乱。经过足够长的时间，差不多把这个文章忘了，再拿出这些被打乱了的快忘记的线索，开始恢复原文的逻辑。

我们看到，富兰克林一步一步为自己设立了刻意练习的路线。首先用自己的语言改写，其次提高词汇量，最后是学习作者的逻辑。通过一系列的方法建立自己的心理表征，最后成了几百年后仍然有很大影响的大作家。

我们可以想一想，现在网络这么发达，人们都在发声。到底应该听谁的，就变得非常重要。比如，你想了解营养知识，究竟应该相信谁的观点？再如，健身、减肥的课程很多，究竟哪个是最靠谱的？你需要找对人，找到真正的专家，而不是采用权宜之计，看着挺好就行。所以，我们为深度学习进行的刻意练习，一定要找到高手和专家。

找到了刻意练习的老师，还要建立你自己的刻意练习的步骤和评估点。比如，怎样算学会了？怎样算学好了？在你自己的大脑和行动中，建立你自己的心理表征。埃里克森说，创造心理表征，要通过 3F 的原则来进行：专注（Focus）、反馈（Feedback）以及纠正（Fix）。把技能分解成不同的组成部分，然后专注于反复练习、反馈、修正，不断将其变成你自己的心理表征。

6.5 在刻意练习中保持动力

持续地重复一件事情会让人产生厌烦。刻意练习需要持续地重复，而且更要命的是，需要不断在新的难度上重复，也就是在新的学习区重复。那么，怎样在这种状态下保持持续的动力呢？

6.5.1 让学习本身产生愉悦感

如果学习本身让人开心，自然就会有持续的动力。怎样才能让学习本身产生愉悦感呢？著名的心理学家契克森米哈赖在他的最优体验心理学理论中，提出了心流的概念。当一个人处在心流状态的时候，就能产生愉悦感。通过心流状态获得愉悦感，是能够维持持续刻意练习的一种好的方法。如何能够获得心流？什么是心流？心流就是在你专注于做一件目标明确且有挑战性的任务，而且这个挑战的难度又是你恰好能够胜任的时候，产生的愉快的心理感受。完成有难度的任务挑战让你产生成就感，让你愉悦。这种心流的状态既可以产生在工作中，也可以产生在生活中，可以产生在任何活动中。契克森米哈赖认为，心流是一种生活状态。

心流的理论告诉我们，可以通过三个要点来设计能够产生愉悦感的刻意练习：

- 首先，要有难度，而且这个难度要适中。分寸就是，你能够胜任的难度。有难度就意味着有你不会的内容，需要努力研究学习。通过研究学习才能获得进步，而刻意练习需要的就是持续的进步。

- 其次，还要有目标，你要解决一个问题或者完成一个任务，这个任务一定要可量化。也就是说，你知道怎样算是完成这个任务。只有量化了目标，你才能够确认是否进步，是否有成绩。当你确定有成绩的时候，也就会产生愉悦感。

- 最后，进入心流状态还需要即时反馈。通过即时反馈，你不断获得正向的鼓励，持续产生愉悦感和持续向前进行的动力。

如果按照这个标准设计任务，你的刻意练习就能够进入一种心流的愉悦状态，你就能够持续地为了完成目标去完成更多更难的任务。

符合心流标准的刻意练习可以让人持续产生行动的动力。因为心流会使人产生愉悦感。我们可以在不断完成适当难度任务的过程中，不断获得动力，不断产生动机，不断提高能力。

6.5.2 加入一个合适的社群

保持动机的另一个好办法，就是加入跟你有同样目标的社群，比如加入一个同样希望用刻意练习来提高技能的社群。我在前面说过了，大多数人的职场竞争力到了舒适区后不再进步了，只有极少数的人会超越这个舒适区，通过不断进入学习区进入高手的境界。所以，如果你是一个刻意练习的人，你将会面对孤独，很少有同伴。如果能加入一个同样有超越平凡要求的人，你当然就可以与之结伴前行。这会给你极大的动力，让你进步。

6.5.3 培养一个习惯

埃里克森说，想要保持良好的动机和能力，你需要每天花 1 小时或更多时间，练习一个必须全神贯注才能做好的事情。通过练习这件事，你会获得一个全神贯注做一件事情的习惯。这非常重要。

每天花 1 小时做同一件事情本身就是一个好习惯。

6.5.4 加强和减弱的策略

想要保持持续做事的动力，埃里克森提出了两个策略，一个是减弱停下来的理由，另一个是强化前进的理由。实际上，加入一个社群，就是强化前进的理由，因为有一群志同道合的人同行。而减弱停下来的理由的方法是什么呢？我们通常为什么会停下来？可能是身体不舒服，也可能用没时间作为借口。所以，最有效的方法就是留出一个固定的时间来练习。比如，你要养成每天回顾一天工作的习惯，如果把回顾放到睡觉前，看上去很合理，但是有时候，如果感到非常困，你就不想回顾了，想直接睡觉。那么合理的时间安排应该是晚饭后，或者在晚上其他距离睡觉有一段时间的时候。也就是说，你安排的时间里最好不要有其他事情打扰，而且要保证时间的长度。

6.5.5 保持精神状态

保持你的精神状态也是能够保持动机的方法。如果人的精神状态不好，从身体上就会拒绝做事。要保持精神状态，就要休息好、饮食好。

埃里克森发现，在柏林的一些学生中，那些表现卓越的往往是比别人多睡 5 小时的人。冥想也可以让人保持很好的状态，我们可以通过第二章和第三章的内容，重新复习一下保持良好精神状态的方法。

6.6 刻意练习的反馈

在学习和练习一个新技能的过程中，我们怎样才能知道自己已经进步了呢？这就需要一个评估标准。比如，你想要实现每次能做 100 个俯卧撑的目标。你不可能一下子就做这么多。那么，你可能要先设置一个小目标，比如每次做 10 个。当你完成了 10 个，就证明你进步了。这 10 个目标就是你的阶段性的评估标准。然后你的下一个目标可能是每次做 20 个。

所谓反馈，就是把你完成任务的情况和你制定的目标进行对比，发现自己目前的状态以及存在的问题，然后采取措施及时调整。当你发现你迟迟无法完成一次做 10 个俯卧撑的标准的时候，说明你的练习目标需要调整。你不可能通过每天只是练习 1 个俯卧撑来达到一次 10 个俯卧撑的水平。你需要增加数量。这个数量，一定是你力所能及但是又有些难度的。比如，阶段性目标是 10 个俯卧撑，你却一定要练习 9 个俯卧撑，那也不现实。所以你可以先增加 2 个或 3 个，调整的幅度要根据你的具体情况来确定。通过调整来形成新的评估标准，用这个新的标准来评估你的进步情况。

反馈的价值在于调整评估标准。新的评估标准更适合你的刻意练习，让你通过刻意练习不断进步。调整评估标准的原则，就是要保证你的任务有难度且能胜任。当发现不能胜任的时候，就需要再次调整评估标准。

通常我们在什么时候会反馈呢？当我们能够很容易地完成目标或者很难完成目标的时候，都需要反馈。通过反馈，把自己重新放到学习区或找到问题出在哪里。通常问题有下面几种：

1. 也许我们的目标太难、太大，这时候需要调整目标的评估标准。

2. 也许做事的方法需要调整，这要与心理表征结合起来进行调整。刻意练习需要模仿并学习大师的心理表征。而我们在学习的时候，也许有了理解偏差，或者发现这个心理表征不太适合自己。

3. 目标太简单。也许我们已经完成目标，停滞不前了。比如，你已经完成一次做 10 个俯卧撑的目标了，你需要向下一个 20 个的目标前进，但是你可能忘记了要去完成 20 个俯卧撑这个目标。这种情况叫作“习惯化”。习惯化就是当我们长期做一件事情的时候，会忘记了目标，变成简单地做事。比如，有人每天早起打卡，本来打卡的目的是完成其他任务，但是最后可能把打卡当成目标。每天打卡打得还挺“嗨”。

4. 从他人的角度来反馈你的练习，可以发现你自己难以发现的问题。这种反馈非常珍贵，可以让你停止自以为是，停止“自嗨”。

5. 即时反馈是获得心流体验的重要条件。通过反馈，发现你的进步，会让你更热衷于进步这件事。即使是有问题的反馈，也是让你进步的阶梯。

可以这么说，刻意练习之所以能够让你持续地朝着专家、高手的方向前进，要多亏反馈的作用。没有反馈，就没有进步，也会少了动力。所以要践行刻意练习的方法，就一定要进行反馈，如每天反馈、每周反馈。有人喜欢管反馈叫复盘或者回顾，都是一个意思。

6.7 本章总结

要想通过深度学习不断进步，就需要用刻意练习的方法来不断把自己放到学习区提高。刻意练习就是聚焦期望的目标，以专注的状态，通过反馈让自己不断提高，实现从普通人到专家的飞跃。在深度学习的过程中要避免简单重复这种伪刻意练习，要避免在舒适区止步不前。

刻意练习需要聚焦目标，专注于要学习的对象。要学习大师的心理表征。通过不断反馈获得提高。

刻意练习需要找对老师。通过老师的指导，学习和建立自己的心理表征，实现有效的学习。如果能够找到一位专家当面学习更好，如果没有这种幸运，可以通过学习专家的书籍、课程等建立自己的心理表征。

6.8 行动指南

按照刻意练习的方式进行深度学习，我们需要采取如下的行动步骤：

- 找到刻意练习的目标。
- 向专家学习心理表征，并建立目标的评估标准。
- 找到一个能够保持专注的环境。
- 在深度学习的过程中根据评估标准及时反馈，不断把自己放到学习区学习、提高。

在刻意练习过程中保持动力，可以采取如下方法：

1. 调整目标的难度，保证在学习区而不是焦虑区学习。
2. 加入社群。
3. 培养持续做事的习惯。
4. 加强前进的动机，减少停下来的动机。
5. 保持良好的精神状态。

第七章　深度学习与习惯养成

所谓厉害的人，就是因为他们有一大堆普通人没有的好习惯；而一般的人多了一大堆厉害的人没有的坏习惯。深度学习需要养成一些能够保障深度学习的习惯，如冥想的习惯，如刻意练习的习惯，再如读书的习惯。应该怎样养成这些好习惯呢？实际上深度学习本身就是一个习惯。我们知道并非所有的人都喜欢深度学习，都能够实现深度学习。大多数人可能都是浅尝辄止，这也是为什么大多数学习钢琴的人只是爱好者，只有很少的人能够成为音乐家。本章将专门详细讨论深度学习需要养成的习惯问题。

7.1　深度学习需要养成哪些习惯

深度学习需要解决更深入的问题以及更难的问题。除了需要各种技能，比如读书的能力、专注的能力等，还需要很多习惯来支持，同时还要改掉一些影响深度学习的坏习惯。这些习惯包括规划目标的习惯、反馈的习惯、管理时间的习惯等。同时，还要克服一些影响深度学习的习惯，比如各种自我干扰的习惯：在学习之前先看一会儿手机，或者学习的时候吃零食，学习的时候听流行歌曲等。还比如可能影响学习效果的饮食习惯、运动习惯、睡眠习惯等。如果没有好的习惯支持，深度学习也就变成一句空话。

7.2 如何养成深度学习需要的习惯

养成一个新习惯很难，改变一个已经养成的坏习惯更难。那么，有什么好办法可以养成好习惯呢？加州大学洛杉矶分校数字行为技术研究中心（The UCLA Center for Digital Behavior）主任肖恩·杨（Sean Young）创立了一套习惯养成的有效方法。这个方法包括七个策略和三个行为模式。我们将通过肖恩·杨的理论，来深入探讨深度学习需要的习惯养成方法。

肖恩·杨把人类的行为习惯分成三种类型，这三种类型分别是：自动行为（Automatic behaviors）、冲动行为（Burning behaviors）和常见行为（Common behaviors）。也就是ABC行为。

自动行为通常是人类在工作生活中无意识状态下自动完成的各种行为，比如洗脸、刷牙、吃饭，还有上班等。这些行为都是不需要思考就能够去做的行为。这些行为是通过长期的重复变成自动的行为。这类行为的特点都是在无意识中完成的，很难发现。比如，你开车上班，一路上遇到很多东西，路上你什么时候踩刹车，什么时候加油，可能一样都想不起来。

冲动行为一般是在受到外界刺激的情况下产生。冲动行为跟自动行为很相似，不同的是，在产生冲动行为的时候，如果有人提示，可能就能够意识到。比如，愤怒就是一种冲动行为，是受到对方的语言行为刺激导致。当一个人愤怒的时候，如果旁边有人适当劝导，可能会慢慢平息下来。

常见行为则是在工作和生活中经常发生的一些行为，比如工作的时候，跟旁边的同事聊天，或者每天晚上喝一杯葡萄酒，晚上睡觉前看手机，吃饭的时候看手机，这些都是常见行为。在深度学习的过程中，我们需要改变的行为中的大多数，或者需要养成的习惯，都属于常见行为。

针对这三种行为，肖恩·杨博士提出了七种习惯养成的策略。分别是：阶梯模型（Stepladders）、社群（Community）、重要性（Important）、极其容易（Easy）、神经记忆（Neurohacks）、吸引力（Captivating）和反复铭刻（Engrained）。ABC 三种行为的改变或习惯的养成，可以通过这七种策略的不同组合使用来达成。

7.2.1　阶梯模型：把事情变简单

肖恩·杨的阶梯模型是把你想要实现的目标或者要养成的习惯进行

分解，设计成像台阶一样一点一点提高。肖恩·杨重新定义了目标的分类：

一周内能够完成的任务是步骤。

一周到一个月内能够完成的任务是小目标。

一个月到三个月内能完成的任务是大目标。

三个月以上能完成的任务是愿景。

这就是阶梯模型。

这个模型不同于以往人们的那种设置一年、五年甚至十年的目标的方法。实际上，真正地去设计一个五年、十年的愿景时，很少有人能实现，而且缺乏可行性和可操作性。

当一个人的预期设置得很远、很高大，每天做的事情距离预期遥不可及，慢慢就会丧失前进的动力。很多新年计划的夭折就是因为计划时间太长，看不到当前的成果。

如果一个人预期赚到 100 元，而实际上也赚到了 100 元，达到预期，他就会感觉良好。如果他的预期是赚到 200 元而实际上赚到 100 元，他就会感觉不好。同样赚到 100 元，给人的感觉完全不同。肖恩·杨认为，人们感觉良好并不是因为实现一个大目标，而是因为实现预期。而阶梯模型就是通过降低预期，来获得良好的感觉的方法。

阶梯模型符合人们正常的心理习惯，因此能够更加有效完成目标养成习惯。这个模型的要点是设置一个一天能够完成的目标，再循序渐进到一周能完成的目标。

肖恩·杨为验证自己的“阶梯模型”，还进行了一些实验。

研究人员在纽约市跟踪了373名学生两年的学习情况。让学生接受测试，看他们是基于梦想学习还是基于阶梯模型方式学习。结果发现，那些梦想期末有个好成绩的学生，没有那些采用阶梯模型的学生的成绩好。这个实验结果告诉我们，人们更应该关注短期目标而不是长期的梦想。“阶梯模型”通过降低预期，让我们获得更多的快乐和动力，不断向下一个目标前进，也就产生了不断进步的动力。

一个深度学习者，需要不断把自己放到学习区学习。我们都知道，学习区有一定的难度。而这个难度，就需要用阶梯模型来设计，保持适度的预期，也就是保持可胜任的难度的预期，你就能够不断进步。如果设置难度的跨度太大，就容易产生挫折感，导致止步不前。

7.2.2 行动第一：肖恩·杨的神经记忆策略

心理学家发现，从人们产生想要改变的意识，到真正发生改变，通常需要很长时间，有时候甚至耗费一生的时间也无法改变。比如，当一个人产生想要减肥的念头，再到这个念头推动采取减肥的行动，会花费很长时间。有人想要戒烟，到采取行动戒烟，也同样历经相当长的时期。肖恩·杨认为，这种先有意识再行动的方法存在顺序错误。真正能够促使人发生改变的方法，是先行动再有意识。他举例说，如果你想要成为一个善良的人，能够让你变成善良的人的最直接的方法，就是直接去做善良的事而不是去研究善良的理论。你想要保持健康，就直接去做能够让你健康的事，而不是光想着我要健康。行动在前，意识在后。在行动的过程中，会不断产生意识，让你成为你想要成为的人。如果想要变得更好，直接做让你变得更好的事。这就是简单有效、直奔主题的方法。

想要深度学习，要用刻意练习的方法。所以，光是想着要深度学习不管用，要直接用刻意练习的方法去做。而采用刻意练习的方法，需要把自己放入学习区而不是舒适区，那么就直接把自己放到学习区，找到有难度的课题去攻克。有人也许会说，我不想把自己放到学习区。这里的“不想”，恰恰又是意识在前，行动在后了。你可以在“想”之前直接把自己放到学习区。这就是行动在前。

肖恩·杨认为，很多励志的书告诉读者要成功，要努力，要憧憬成功的样子。这种鼓励之所以没用，也是因为意识在前。光“想着”要成功没有用，要直接行动，去做能让你成功的行动，哪怕是微不足道的行动。

很多时候，我们之所以不行动，是因为我们误以为需要先想明白再行动，而在我们纠结今天是不是要锻炼的时候，时间已经过去了。当我们想明白今天要锻炼的时候，已经没有时间了。当我们在想着如何戒烟的时候，手上已经点燃了另一支香烟。肖恩·杨认为，通过先行动后思考的方法，可以在你的神经里“种”下新的习惯的记忆。他发明了一个新词叫作“神经记忆”，用来定义他的这种习惯养成技术。我们知道，被植入神经的习惯都是下意识完成的。而通过这种先行动后思考的方式，可以把记忆植入神经。所以，大家可以实践一下这个方法：不管你想要养成什么习惯，行动起来。你想要学习写作？那就先写起来，不管技巧，不管逻辑，不管是不是有趣，再慢慢调整，找到方向。如果你想要成为一个坚持的人，那就找一件事情持续地去做，先行动，后思考。

有人也许会说，我就是“不想”行动。这里问题的症结就出在你“不想”这个意识上。“不想”又变成意识在前了。所以一定要行动在前。如果你要思考“我怎样才能行动在前”，就又陷入意识在先的坑。要跳出这个坑，就简单地直接行动。要想让自己进入深度学习的状态，就要直接行动，去做能够达到深入学习境界的事。

7.2.3 做简单的事：肖恩·杨的极其容易策略

当一个人想要减肥的时候，特别希望有什么方法能够不运动且瞬间就能把脂肪减掉。刚开始的时候，因为受到某种刺激的激励，每天早起跑 5 公里，加上各种健身器械的练习。这样没过几天，就可能泄气停下来。人们可能把原因归结为不能坚持。更准确的说法应该是，一开始的难度设置得太大了。

斯蒂芬·盖斯长期实践习惯养成的方法，最后写了一本《微习惯》。他发现，要养成一个习惯的最可靠的方法，就是让习惯变得简单。用盖斯的话说，就是“简单到不可思议”。什么是简单到不可思议？不可思议到什么程度呢？盖斯练习健身，从做 1 个俯卧撑开始。也就是说，锻炼身体这件事，完全可以从每天只做 1 个俯卧撑开始。这就是“简单到不可思议”。一个俯卧撑，对于一位男士来说，没有什么难度。如果每天都做 1 个俯卧撑，不会有什么困难。这就是习惯养成最可靠的方法。看上去实在不能再简单了，但是简单且有效。盖斯从 1 个俯卧撑开始了他的习惯养成之旅，最后养成了多个习惯，比如阅读、写作等。

你可能注意到了，这条养成习惯的方法跟前面的“行动第一”和阶梯模型好像有关系。是的。我们可以想一想，如果要行动而行动的目标很难，我们如何行动呢？所以，想要行动，必须找能够行动的任务去做。从简单的事情做起，就是阶梯模型的起点，也有利于行动第一策略的实施。

那么，做简单的事，怎么能够实现想要的大目标呢？比如，1 个俯卧撑怎么能够实现身体的健美呢？ 1 个俯卧撑与健壮好像很遥远。确实是这样。这也就是大多数人无法坚持下去的原因。如果你一定要跟遥远的“健壮”这个目标相比，给你带来的只有沮丧和泄气。“做简单的事”，就是要跟简单相比，就是要降低预期。做简单的事，就是在做积累。每天做 1 个俯卧撑，如果你实践过就会发现，其实做 2 个俯卧撑好像也没那么难。如果你做 2 个俯卧撑一段时间后，你就会发现做 3 个俯卧撑也很容易。过了 1 年，你发现你做 100 个俯卧撑也很容易。这就是 1 个俯卧撑的力量。这就是做简单的事的力量。

我们之所以急于做复杂的事，是因为我们太着急得到结果。所以，有些人看书会非常快，但是看得再多也没什么效果。这就是因为太着急了，快到不知道书里面在讲什么的程度。有些人背单词，一天设置背 200~300 个单词，最后筋疲力尽，没背下多少单词。你会发现，几乎所有的网上课程都在用“速成”来勾引你。也就是说，这些课程抓住了我们普通人大脑的习惯性思维，想要“快”，想要“马上搞定”，不想被落下的心理。但是，现实是慢才有可能产生质的变化。2016 年的时候，有一些朋友跟我一起做冥想，后来没几个月，他们停下来了，而我一直在做，到今天已经做了 900 多天的冥想。回过头来看，自己也吓了一跳，居然做了这么多天了。

我们可以回头想想，当初想要做一件事的时候，是几年前？到现在为止，是否开始做并有了结果？我们往往会发现，甚至会后悔，如果当初就开始，到今天可能已经好几年了。我们之所以没有开始，是因为把事情看得太难。如果像吃饭、散步一样，我们可能不用坚持，就已经做了好几年、好几百天了。所以，我们可以把两个方法结合起来用，一个是“行动第一”，不管三七二十一，行动起来；一个是“从简单的事做起”。有了这两个锦囊，就可以开启你的新习惯之旅。有一天，你会把这个新习惯的小苗培养成参天大树。

7.2.4　什么是最重要的：肖恩·杨的重要性策略

当我们觉得一件事情重要的时候，我们更容易改变。

一个肺癌患者就比一个普通人更容易戒烟，一个爱上帅小伙的胖女孩更容易坚持减肥。我们之所以想要改变一个习惯，或者养成一个新习惯，是因为我们认为要做的事非常重要。

现实是我们大多数人的眼光没有那么远。很多我们当前以为不重要的事情，往往到后来才显现出重要性。比如，到应聘的时候才发现英语那么重要；到需要一个好方案的时候，才发现自己缺乏创意；到写文章的时候才发现自己脑子里的东西太少。所以，发现一个事情的重要性往往比坚持一个事情更难。那么，怎样才能知道一个事情是否重要呢？可以基于这样一个原理：凡是需要一定的时间及努力才能获得的东西，一定是重要的。与之相对的，凡是马上能获得的东西，一定是不重要的。或者说，凡是能够速成的，一定不是很重要。因为能够速成的东西，谁都能很快做到。而需要花费时间以及持续的努力才能够得到的东西，才是大多数人缺乏而且有竞争力的。深度学习就是要通过持续的进步来成为某一个领域的佼佼者，在职场上就是成为有竞争力、有职场资本的人。而这种职场资本一定不是很容易速成的能力。

心理学家哈尔·赫什菲尔德（Hal Hershfield）就如何让人们对不重要的事情产生兴趣并感受到重要做了研究。他的研究是这样的，通过软件模拟，给一个年轻人模拟出老年时候的照片，让年轻人看到自己年老时候的样子。然后给他们一个退休储蓄账户，确定每年往退休账户存钱的数量，在打开这个账户的时候，有人看到的是自己现在的照片，有些人看到的是自己老年时候的照片。那些看到老年时照片的人，给退休金账户存的钱更多。据说现在有银行就在自己的网站上采用了这个办法。这种方法叫“未来干预法”。未来干预法能够改变人们的饮食习惯、锻炼习惯以及工作习惯。当你进行深度学习缺乏动力的时候，可以用未来干预法让自己看到未来的自己失败或者成功的状态，这会激励你产生努力下去的动力。

7.2.5 环境的力量：肖恩·杨的“社群”策略

环境的力量不可忽视。如果你希望发生改变，参加一个社群，跟其他人一起做一件事会是一个很好的方法。如果你想要养成读书的习惯，可以去参加一个读书社群；如果你想要写作，可以参加一个写作社群。在社群里，大家的目标基本一致，都希望能够在某一方面获得进步和发展。当你融入一个社群的时候，你能够感受到来自他人对你的那种正面积极影响，同时，你的行为也会影响其他人的积极性。

社群的价值还在于能够通过让有类似问题的人聚集在一起，相互帮助，扶持前行。比如，减肥的人可能都经历过失败，没能够控制饮食，没能够坚持运动。这些失败会导致沮丧和焦虑。通过在一个社群，大家会发现有这样问题的不只是我一个人，大家都有同样的问题。如果没有问题，也不会参加这个社群。有问题需要改进的一群人在一起，更容易互相鼓励，扶持进步。

7.2.6 有效的重复：肖恩·杨的反复铭刻策略

肖恩·杨的反复铭刻策略是通过重复来实现养成某种行为的习惯。当我们找到一份新工作，每天会按照同一条路线去上班，乘坐同一个路线的地铁。久而久之，这种行为就会铭刻到我们的大脑中。当我们出门的时候，会自动沿着原来的路线上班，因为这条路线已经铭刻到大脑中了，我们已经不需要思考，整个过程都是自动完成的。

7.2.7 肖恩 · 杨的吸引力策略

为什么人们会长久浏览手机而不厌烦？为什么很多女性衣柜里衣服满满，根本不缺衣服，还要不断去采购？人们这种不太理性的行为背后，是基于什么原因呢？肖恩 · 杨认为，人们被吸引源自奖励，这种奖励必须有致命吸引力。对于不同的人，致命吸引力的奖励不同。最重要的是当事人觉得什么对自己重要。有人特别喜欢收藏紫砂壶，对于这个人群来讲，一个漂亮的紫砂壶本身就是一个致命诱惑，得到本身就是一种奖励。有的摄影爱好者对器材特别着迷，一定要得到各种器材才痛快。其实他们也不见得去使用，对他们来讲，得到器材本身就是一种致命诱惑。也就是说，让事件本身成为奖励，也是吸引力策略的一种方法。

想办法让事情变得有趣，也是产生诱惑的一种方法。比如，你很不喜欢跑步，很喜欢攀缘。但是攀缘需要通过跑步来增强体力，这时候跑步就变成一个有趣的事情，因为跟很有趣的攀缘挂上钩。让深度学习变得有趣的方法，就是从学习的结果来看问题。当你得到某一个专业方面的精进，你就能够提高这一方面的竞争力，你的收入会提高，而你的成就感也能够达成。

7.2.8 斯坦福的习惯养成模型

斯坦福大学行为研究中心主任福格教授经过几十年的研究，提出养成任何习惯行为需要的三个要素：

动机（Motivation）。

能力（Ability）。

触发器（Trigger）。

所有的习惯，都由这三个因素同时起作用养成，缺一不可。当养成一个行为的能力要求越低，动机越强，习惯就越容易养成。

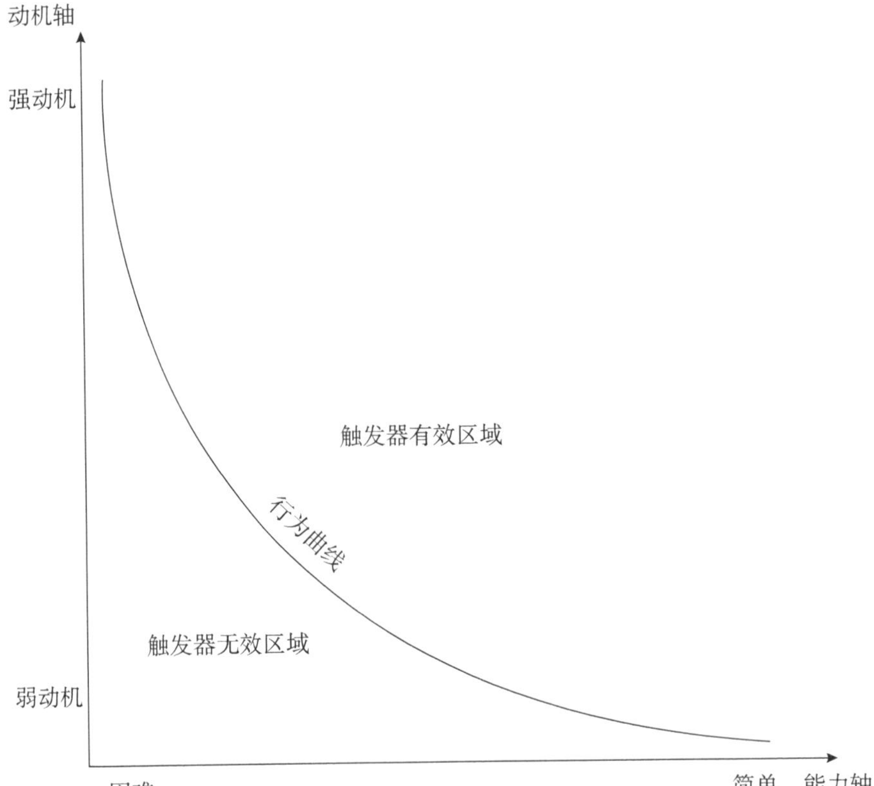

福格行为模型

- 动机，就是想要做一件事的意愿有多强。
- 能力，就是做一件事需要你拥有的技能，体力。

- 触发器，就是让一个行为发生需要的某种暗示或者提醒。

动机越强、需要的能力越低，一个行为被触发的可能性就越大。比如，做 10 个俯卧撑需要的能力就要比做 1 个俯卧撑大。所以，养成运动的习惯，从做 1 个俯卧撑开始就更容易。一个身患肺癌的患者，就比一个正常人更容易戒烟，这就是动机的差别。而触发器，就像一个想要戒烟的人看到了一盒香烟，可能触发他重新吸烟的行为。触发器是产生行为的“导火索”。比如，当你经过冰箱的时候，想要吃里面的蛋糕，“看到冰箱”这件事触发了你吃蛋糕的行为。再比如，你穿上一双运动鞋，可能会触发你跑步的行为。一本励志书的内容，可能触发你努力学习的动机。

用福格的三个要素来分析肖恩·杨的七个策略，我们会看得非常清楚，肖恩·杨的策略包含福格的要素。

比如，阶梯模型的本质实际上就是在降低难度，也就是降低福格模型中的能力。能力越低，行为越容易发生。

我们也看到，肖恩·杨的行动在前这种方式之所以能够实现，前提是降低做事的难度，让事情变得容易。而把事情变容易，就是有意降低做事需要的能力。

肖恩·杨的重要性策略，是提高做事的动机。一件事情越重要，你的动机也就越强。如果你认为出国这件事很重要，那么即使不是很喜欢学习英文，也会努力学习准备托福考试。

我们再看看肖恩·杨的吸引力策略，这个策略使用的方法也是提高动机。当一个事情有很强的吸引力，实际上就是激发了你强烈的动机。

肖恩·杨的极其容易策略则是降低做事的难度，也就是降低做事需要的能力。

反复铭刻策略也是降低事情的难度。这种方法，把难度降到几乎是零，把一个行为变成自动行为，铭刻到神经记忆中。

社群策略则是提高做事的重要性。我们每一个人都希望有尊严，得到尊重。在社群里，大家能够互相监督，把要做的事情的重要性提高。本来一个人的时候可以偷点懒，但是在社群里，就需要把要做的事情重视起来。

7.3 养成深度学习需要的习惯

我们前面提到了深度学习需要养成的一些习惯，包括专注的习惯、冥想的习惯、防止手机干扰的习惯、健康的生活习惯等。

7.3.1 养成专注的习惯

专注的习惯需要多方面的综合培养。比如，通过练习冥想，能够提高大脑的专注能力；通过健康饮食、运动和睡眠，可以为大脑保持专注提供能量；通过改善环境，减少干扰，来减少专注需要消耗的能量，也就提高了专注水平。我们下面专门讨论肖恩·杨的策略来提高专注能力。

我们大脑会在专注和走神的状态之间来回切换。走神的时间越长，专注的时间越短。走神的行为属于自动行为。我们可以用反复铭刻的策略来提高专注度。

当大脑处在走神的状态时，我们往往不能及时做出反应，就导致更少的专注。如果在走神的时候，恰好有什么方式提醒一下我们，让我们从走神的过程中“醒”过来，就能够增加专注的效率。所以，我们要找到一种合适的提醒方式。

有一个专门用来提醒的设备“MotivAider”。用这个设备可以设定提醒的间隔，比如每5分钟提醒一次。

MotivAider

如果没有专门的提醒设备，手机提醒是一个可选的方法。但是如果用手机的铃声提醒，会影响周围的其他人；如果用手机的震动提醒，还要保证手机一直带在身上，能感受到震动才行。最终的解决方案是用苹果手表或各类手环。这种震动不会影响他人，又能保持随时感受。所以，要用反复铭刻的方法来提高专注度，当你需要进入专注状态的时候，启动提醒，每1分钟、2分钟或者你觉得合适的时间让其震动一次，就能够及时从走神的状态回到专注的状态。有人会说，这种频繁的提醒会不会反而导致不专注呢？当然不会。因为这种震动提醒，没有别的任何含义，只是作为专注的提醒。所以，你不会因为手表或手环震动就想要去做其他的事情。也就是说，在大脑中，没有任何其他干扰源影响你。唯一的干扰，就是干扰你走神的状态。这样通过反复铭刻，让你保持专注的状态。

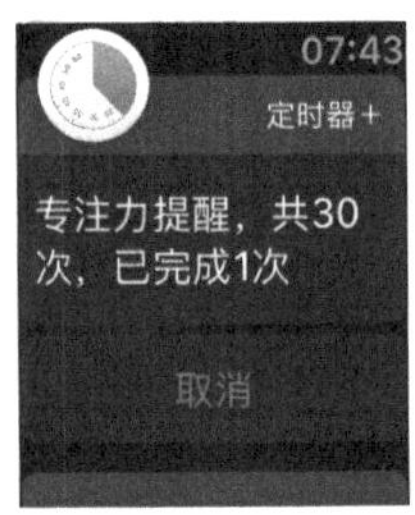

用《定时器 +》设置提醒

这种反复铭刻的方式，从能力上分析，几乎不需要能力。从动机看，深度学习需要专注，没有专注就没有深度学习。而触发器，就是手表或手环的震动。

用苹果手表提醒时，需要一款手机软件《定时器 +》来设定提醒时间。

7.3.2 培养健康饮食的习惯

健康饮食包括吃一顿健康早餐、细嚼慢咽以及食物的品种。健康饮食的习惯，可以使用阶梯模型、极其容易、反复铭刻等策略来综合培养。

采用阶梯模型，就是设计一个1周的健康饮食策略或1个月的策略，从简单到容易。比如第一步，可以从保证吃早餐开始。每天都吃早餐。早餐的品种要保证有蛋白质、复杂碳水化合物、维生素。通常对于上班族来说，早晨的时间比较紧，可以在头一天晚上准备第二天早餐，这用的是肖恩・杨的极度容易的策略，通过晚上的准备，让第二天早晨准备早餐变得容易。

另外，先不管早餐到底有什么价值，直接去做，就是行动在前的神经记忆策略。而通过在吃饭的时候用苹果手表的提醒，来反复铭刻细嚼慢咽的习惯。

7.3.3 培养冥想的习惯

尽管冥想的价值被很多科学家验证，也被很多人接受，但是养成冥想的习惯也需要一定的努力。首先，我们可以从极其容易的策略开始。每天只练习几分钟，从时间上把难度降低。如果觉得盘腿而坐困难，可以坐在椅子上，这是从动作姿势上降低难度。很多人练习过一段时间的冥想，感觉没什么作用，这时候可以用行动在前的神经记忆策略，不管有没有用，先做起来。每天做几分钟，坚持几个月甚至更长时间。每天的几分钟不会浪费你多少时间。用福格的行为发生三要素分析，要想养成冥想的习惯，首先要降低需要的能力。能力体现为时间、金钱、体力等因素。从时间上看，几分钟的时间并不长，需要的能力已经降到很低。但是即便如此，还需要留出时间。所以，要从动机出发，每天给自己几分钟的时间。动机来自提高专注力，通过深度学习，能够提高自己的职场竞争力，获得更好的生活。而触发器，可以通过手机设定提醒，在每天的固定时间进行练习。另外，还可以通过参加社群与其他爱好者一起练习。这运用的是社交磁力的策略。

7.3.4 防止手机干扰

手机干扰可能是影响深度学习最大的问题。手机的干扰行为属于常见行为，同时也有冲动行为的成分。我们可以采用肖恩·杨的极其容易的策略，让防止干扰变得简单。手机干扰来自各种铃声、各种媒体应用。可以删掉这些应用，关闭铃声。通过这种关闭干扰源的方法，能够减少手机的干扰程度，简化抗干扰的难度。

因为人们长期使用手机的习惯，可能养成了几分钟就看一下手机的毛病。我们可以通过反复铭刻的策略，来减少看手机的次数。有一款软件叫“Forest”，这款软件运行的时候，会有一个种树的界面，如果你用手机，这棵树就会枯死。尽管一棵虚拟的树枯死并无大碍，但是这个界面可以给我们一个提醒，每当我们要打开手机，首先看到的是种树的画面，帮助我们停止频繁看手机。我们看手机的行为可能是无意识的，种树的界面给我们玩手机设置了一个“暂停键”，让我们停下来思考，从而停止无意识行为。这样反复铭刻，最后就能慢慢改掉频繁看手机的习惯。

7.4 本章总结

为了实现深度学习，需要养成一些好习惯，改掉一些坏习惯。这就涉及一个问题，怎样养成好习惯。本章，我们采用的是肖恩·杨的理论来探讨养成习惯的方法。同时，我们参考了福格的研究模型来评估习惯养成的策略。肖恩·杨把行为模式划分为自动行为、冲动行为和常见行为。针对三种行为，他提出了七个习惯养成的策略。包括阶梯模型、社群、重要性、吸引力、反复铭刻、神经记忆和极其容易的策略。对应福格的三种行为发生的要素：能力、动机和触发器，来进行具体的分析，找到针对深度学习适用的习惯养成方法。

7.5 行动指南

健康饮食习惯：从极其容易策略开始，还可以采用阶梯模型，设定一个具体的方案。通过反复铭刻的方式培养细嚼慢咽的习惯。也可以找一个跟饮食相关的社群来共同进步。用行动第一的方式来先实践。

专注的习惯：通过反复铭刻，用苹果手表进行定期提醒。

冥想的习惯：通过极其容易的策略开始每天几分钟。可以参加冥想社群，跟其他人一起练习。

防止手机干扰习惯：采用极其容易、反复铭刻的方式来培养。

培养健康饮食习惯：可以采用阶梯模型、极其容易和反复铭刻策略来练习。

第八章　深度学习与高效阅读

想要获得深度学习的能力，高效阅读的能力不可缺少。学习大部分技能需要一定的阅读能力。阅读能力越强，学习能力就越强，深度学习能力也就越强。

在阅读过程中，最大的问题是读过一大堆的书，却没有获得什么对自己有价值、有帮助的东西。为什么会出现这种情况？原因很多，比如环境的干扰、身体的原因、阅读方法的问题等。本章主要从阅读方法上详细讨论高效阅读。

你的阅读能力强不强，首先取决于你想要从书中获得某种知识的意愿是否强烈。我们知道，当一个人对某一种事情有强烈愿望的时候，他的大脑就会激活这方面的内容，同时相关的内容也就更容易被记忆和理解。

什么是高效阅读呢？就是在最短的时间内获得最多你想要的知识和技能。这里面有两个关键词，“最短时间”和“你想要的知识技能”。所以，我们讨论高效阅读时，离不开两件事：获得你想要的知识技能、用最短的时间。

8.1 选择正确的书

要读书当然离不开选书。选书应该根据什么呢？选书要考虑两点：书的作者和我们的目的。

8.1.1 了解作者

当我们听说一本书或者看到一本书，首先要了解作者。在前面第六章，我们讲到刻意练习要向大师和专家学习。当然，我们读一本书，也要尽量选择大师和专家写的书。那么，怎样知道作者是不是大师或专家呢？我们可以通过以下渠道了解：

- 作者网站。
- 作者博客。
- 作者任职单位的网站。
- 领英网。
- 维基百科与作者相关的条目。
- 图书网站。
- 作者的其他书籍。
- 其他可能的渠道。

也许有人认为这很麻烦。如果从长远角度看，人的时间是有限的，既然时间有限，如何利用有限的时间来阅读更多有价值的书，就变得非常有意义。所以花点时间了解作者反而可以省时间，而不是浪费时间。

介绍各种技能的书非常多。如果不管作者是哪一位，拿起一本书来就读，很可能会走很多的弯路。要想成为高手，就必须向大师学习。我们可以通过找到大师的著作，实现间接向大师学习的效果。

通过作者网站和博客，可以了解作者的观点、经历、关注的领域；通过作者任职的单位的网站，可以了解作者的资历、背景；从领英网，可以了解作者的职业经历；从维基百科，可以了解作者的研究领域，还可以延伸获得更多和作者相关的文献资料。图书网站上会有相关书籍的介绍以及各界人士对图书的评价。如果能够看到作者的其他著作，也可以参考一下。

比如，我看到一本书，名叫《如何想到又做到：带来持久改变的7种武器》。这是一本关于习惯养成的书。这本书的作者肖恩·杨，以前没听说过。

首先到亚马逊找到这本书。打开电子版可以看到图书前面的内容，很快能找到肖恩·杨的介绍，发现肖恩·杨是加州大学洛杉矶分校的医学教授。更厉害的是他还是加州大学预测研究院以及加州大学洛杉矶分校数字行为研究中心的创立者，也是这两个地方的主任。这显然是一位大师级的人物。我们还可以通过这两个地方进一步研究作者。但是已经没有特别的必要了，这本书显然可以购买。

我们列出的清单，不一定要完全去访问，我们只要收集到足够的证据，认为作者的书是值得一读的书就好。

了解作者以后，我们下一步要做的就是看看这本书对我们究竟有什么用。

8.1.2 这本书对我究竟有什么用

想要知道一本书的内容是否对你有价值，当然你应该知道你想要什么才行。在阅读过程中，人们特别容易被书中的某一点打动，或者被介绍诱惑，可能就不管三七二十一拿起书从头到尾地读起来。这就是典型的冲动型阅读，没有事先搞明白自己想要什么，误打误撞地读读看。这种读书方法效率当然不会高。当你心中有一个目标，有一个想要学会的知识点，你在这本书中看到的都是这些知识点，能够进入你的大脑的主要是这些知识点。这样当然就自动提高了你学习的效率。目标越明确，读一本书的效率就越高。比如，如果你关注某一种车型，你会看到马路上有很多你关注的车。

在学习的过程中有两种知识，一种是马上有用的知识，另一种是未来有用的知识。对于未来有用的知识，我们的学习效果往往并不很好，比如英语。上学的时候，我们知道将来工作中英语可能有用，但到了大学毕业仍然没有学好。对于马上有用的知识，我们会更加专注。所谓马上有用的知识，就是读书之前我们大脑中那种渴望拥有的东西，那些马上能够帮助我们解决问题的东西。

如果不带目的阅读会怎样呢？你可以给自己做一个阅读试验，非常简单，用 5 分钟阅读一段文章片段，然后合上书回忆理解一下这 5 分钟看到的内容，写下来。再用 5 分钟阅读同一段文字，看看这一遍的感受与理解是否有不同。用同样的 5 分钟时间阅读第三遍，你仍然会有新的收获。这就告诉我们，如果没有目的地去阅读，你读了几遍同样的段落都会有不同的收获。所以，不带目的的阅读会大量浪费你的时间。

如果是带着目的阅读呢？用 5 分钟阅读，如果读到的内容与你想要获得的信息无关，这些信息就会被过滤掉。如果有关，这些有关的信息会“跳入”你的眼帘。

所以，在你阅读一本书之前，首先要在大脑中积聚强烈的愿望：我要马上学会这个知识，因为我要……

从哪里能了解一本书对自己的价值呢？我们仍然可以从图书网站上了解一本书对我们的价值。还是这本《如何想到又做到：带来持久改变的 7 种武器》，在亚马逊上，我们可以搜索并打开这本书的介绍。在亚马逊上能够看到这本书的目录、前言、一些大师对这本书的介绍。亚马逊的网站上还会有购买这本书的人的评语。通过这些内容，我们可以大致了解这本书讲的是什么以及这本书讲的内容对我们是否有价值。

如果想更多地了解有关这本书的内容，我们还可以去豆瓣网。因为豆瓣是介绍书的专业网站，网站上有很多书的书评。

当确认这本书对自己有价值以后，就可以购买或者去图书馆借阅。

8.2 阅读的意识

在阅读的过程中，我们需要有阅读的意识。所谓阅读的意识，就是我们要知道自己正在阅读。知道自己正在阅读有什么价值呢？意识到自己处在阅读的状态，能够最大化你的阅读效果。

8.2.1 阅读环境

阅读的过程中要有环境意识，也就是说，你要意识到你处在怎样一种环境。如果你的环境非常嘈杂，不适合阅读，而你仍然在这种环境中阅读，那你的阅读效果肯定就会很差。当你意识到自己阅读的环境以后，如果环境有问题，你就会想办法去改善这个环境。比如，换一个地方或者关上房门等。

电视旁边就不是一个很好的阅读环境。有的时候，我们会这样想，我一边看电视，一边阅读，好像省了不少时间，因为我用看电视的时间在阅读。但是，你换一个角度就会发现，实际上你可能是在用阅读的时间看电视。

有人喜欢阅读的时候听音乐。听音乐不一定对所有的人合适。有些人能够在有音乐的环境下工作和学习，而有些人在有音乐的环境下，意识就会被音乐带跑。而且不同种类的音乐，对于学习的价值也不同。古典音乐对学习有一定的作用，因为它没有歌词，所以人们对它不会有更多的联想。

光线不好会对视力有很大的影响，如果你是一个喜欢读书的人，那你会有很多时间用来读书，用到你的眼睛。长期在不好的光线下对眼睛的伤害会非常大。当你读着读着觉得不舒服的时候，很可能是光线的原因。

8.2.2 阅读的仪式感

有些人喜欢仰躺着阅读，有些人喜欢趴着读书，还有些人喜欢靠在沙发上读书。如果说读书旨在消遣，在什么地方读书就无所谓了。如果你想要从书中获得知识，提高你的技能，就要有阅读意识。阅读意识就是知道自己要读书，或者正在读书，要给自己一个仪式感。找到一张桌子，坐在一把椅子上，认真专注地阅读。如果我们不尊重书，我们就很难从书中获得更多的知识。也就是说，我们很难从不重视的地方，学到东西。

8.2.3 阅读的目的感

当我们阅读一本书的时候，一定要有目的地去阅读。有目的才有方向，才知道应该从书中获得什么。有目的地阅读是一种在阅读的过程中必须具备的意识。我们阅读之前，要意识到自己为什么要读这本书。可以在阅读之前给自己列一个清单，思考我要从这一段、这一章、这本书中得到什么东西。

8.2.4 阅读的身体意识

阅读的时候要对自己的身体有一个意识。比如，意识到自己眼球的运动。如果书与眼睛的距离不合适，眼睛就会感到疲劳。如果是电子书，可以通过调整行间距、字间距以及字体大小来调整阅读的舒适度，保证你的眼睛感到舒服。通过调整眼睛与书的距离，让眼球运动更少，减少眼睛的疲劳。

有的时候我们的身体可能会感觉不太舒服。如果在这样的状态下阅读，阅读效果会受到影响。所以要意识到自己身体的状态是否适合阅读。在阅读的过程中，身体要保持适当的放松，才能让自己更有阅读体力。但是身体的放松不等于精神、意识的不专注。这种放松是一种有节制的放松。

8.2.5 抓住阅读的重点

阅读的过程中要抓住阅读的重点，所谓阅读的重点就是在字里行间找到对你来讲有价值的字词和句子。当你有目的地阅读的时候，你就更容易抓住这些重点。就是说，在阅读的过程中要有重点意识。

8.2.6 节奏意识

阅读的节奏意识就是知道自己在阅读的过程中，什么时候要加速，什么时候要慢下来，什么时候需要停下来。在重点和难点的部分需要慢下来，所以阅读要用变速的方法，而不是定速的方法。人在阅读的过程中会有疲劳感，所以要在还没有疲劳的情况下休息。这种阅读和休息的交替，就是阅读的节奏意识。

8.3 阅读技术

8.3.1 用上帝视角看一本书

当拿到一本书以后，要整体上对书进行了解。也就是说，从上帝视角看一本书。

从整体上了解一本书的目的，是有针对性地阅读一本书。因为我们时间有限，如果不规划读书的时间，就很容易浪费很多时间。而从整体上了解一本书，要从书的目录、书的序言、书的介绍、其他人如何看这本书等方面来了解。同时，我们也可以通过了解作者背景来了解这本书。从整体上了解一本书，更容易让我们发现一本书中各种概念之间的关系，避免陷入以偏概全的认知障碍。

8.3.2 找到一本书的重点“地图”

如果我们到达一个不熟悉的城市，想要去某个地方，我们会用导航的方法，先知道起点，然后通过搜索找到终点，再用手机或者其他的导航设备指引自己。在一个偌大的城市，东走一下，西走一下，肯定很难找到目的地。如果读书的时候，能够找到目标，然后直接到达目标，就可以实现快速阅读。因为一本书中，只有 20% 真正有价值的内容，其余的 80% 只是对这 20% 内容的说明补充而已。怎么找到这 20% 的内容并加以阅读呢？这就是下面要探讨的关于一本书的重点地图问题。

我们可以从下述几个方面找到一本书的重点地图。一本书的重点地图就是这本书的重点所在位置。作者一般习惯把重点放在相应的某些位置上，我们找到这些位置，就能够找到这本书的重点。那么，写有这些重点的地方在哪里呢？一本书的目录就是整本书重点的一个缩写。每一个章节的标题、段落的标题，每一个章节的开头和结尾、段落的开头和结尾，还有书中的特殊字体，包括黑体字、斜体字、画线的字，书中的各种图片、表格、数据也是重点所在。我们进行略读和浏览的时候，这些地方就是我们要关注的重要位置，也是一本书的重点地图。

保罗·埃德沃德认为，书中的重点地方有点像沙漏的形状，两头宽，中间小。在一本书的各个章节段落中，一般开头和结尾的信息多，中间的信息少。

8.3.3 略读和浏览

很多人看到“略读”和“浏览”，往往认为这两种读书的方法是同一种。实际上，无论从方法、目的还是结果上看，这两种阅读方法都不同。当然，这两种方法都是实现高效阅读的必经之路。

从字面上理解，“略读”是一种“读”，而“浏览”是在“找”。

“略读”是在阅读过程中有重点地读，而不是逐字逐句地去读一本书或一篇文章。“略读”从方法来讲是有详有略，它总体上是一种阅读。这种阅读的目的是从整体上了解一本书的脉络、中心内容。这种阅读并不求完全理解书中的观点，但是要求能够了解书的总体观点。“略读”是一种快速读完一本书的方法，其结果是大致了解一本书的内容，但缺乏深入理解。“略读”可以作为阅读一本书的第一遍，而这第一遍的意义非常深远，可以为后来的精读提供指引。略读就像“侦察兵”，发现需要深入阅读的“目标”。在精读的时候，你就知道了重点该读什么地方，提高了阅读的整体效率。

大家可能很想问的是，“略读”既然是有详有略，那么究竟在哪里“详”，在哪里“略”呢？著名的写作培训专家布兰登·罗伊尔在他的《一本小小的红色写作书》中，列举了20个写作应遵守的原则。其中指出，好的作者通常会先把结论写出来，然后用后面的段落进行论证，如把观点分解成2~4个问题进行论述。接着在每一段的开头写上引言，概括该段落的内容。最后总结自己的观点。根据这个原则，我们在看一本书或者一篇文章的时候，要把重点放到每一个章节的开头和结尾，每一个段落的开头和结尾。因为重点部分基本在这些位置。另外，书中的各级标题都是该段落或章节的概括，同样是重点。这些标题往往也会体现在书的目录上。

因此，我们可以大致找到"略读"的重点了：

- 书的目录。
- 一篇文章的开头（前言）结尾。
- 段落的开头结尾。
- 各级标题。
- 书中的图表。
- 特殊字体的字，比如黑体字、斜体字。

当然，有时候作者不一定把最重要的内容放到第一句或者第一段，也许会放到第二段。我们不可以教条地进行"略读"，要根据实际情况找到作者的写作习惯，边发现边调整。通过这样的详略阅读，可以调整我们的阅读速度：在需要详细阅读的地方，稍微放慢速度；在可以大致阅读的地方，飞快地阅读。你可以这样很过瘾地用变速阅读去读一本书。而这种变速也恰好是"略读"的魅力。

"浏览"则是在一本书中寻找。找什么呢？找你想要的信息，如概念、观点，总之是你想要学会的知识点。就好像在人海茫茫中找到跟你约会的人。"浏览"的速度要比"略读"快很多，你可以很快地一页一页翻书来寻找。浏览是一种有目的的寻找。

也许有人会问，这样一页一页地快翻，能找到想要的东西吗？当然可以。我们前面举过例子，当你关注一个事物的时候，往往看到的都是你关注的这类事物。比如，你买了一款车，你会忽然发现，满大街都是跟你同款的车。为什么会这样？因为你的关注点让你过滤了所有跟你关注点不同的车。如果我问你这一天看到了几辆跟你的车不同的车，你肯定想不起来，因为它们全部被过滤、忽略了。但是对跟你的车相同的车你却记忆犹新。当你浏览一本书的时候也是一样。如果你专注于"橘子"，这时候在你浏览的过程中，所有的"橘子"会跳入你的眼帘，被你发现；当你想要找"苹果"的时候，同样，很多"苹果"会被你发现。所以，浏览能够快速定位你关注的内容。

在"略读"和"浏览"过程中，特别要注意的就是：不要沉迷。有些人在读书过程中，被书中的观点和内容吸引，饶有兴趣地忍不住逐字逐句地读下去，这就违背了"略读"和"浏览"的初衷。本来为快速构建关于一本书的总体结构和找到自己需要的内容，却变成了按部就班的逐字逐句阅读。这样会大大降低你的阅读效率和理解能力。我们需要先对整篇文章或整本书产生整体的概念，才便于理解更细微的章节、段落和概念。所以在"略读"和"浏览"的时候，一定要忍住想逐字逐句阅读的冲动。

"浏览"这种方法，与"略读"相比，更有目的性，更加专注。但是"浏览"的目的只是"找出"想要的内容，并不用深入理解。理解是下一步要做的事情。所以，无论"浏览"还是"略读"，都只是阅读的第一遍，真正的理解和深入阅读还在后面。这两种方法的好处是：通过"略读"和"浏览"，可以让你找到一本书中最有价值的地方，以方便随后的深入研究。可以说，“略读”和“浏览”大大提高了你的阅读效率。

所以，通过“略读”和“浏览”，我们找到了书中对我们有价值的地方，实现了用“更短时间”读书。

那么，如何能更快速地阅读呢？下面我们来讨论这个问题。

8.3.4 提高阅读速度

要提高阅读效率，就要提高阅读速度以及理解能力。

提高阅读速度，就是提高单位时间里阅读的字数。

当你一个字一个字地阅读的时候，你的理解能力不如一个词一个词地阅读。因为单个字的意义很模糊。比如，你读一个字“美”，它跟“貌”组合成“美貌”，而跟“学”组合成“美学”。美貌跟美学的意思相差十万八千里。所以，一个字一个字地阅读，从理解上就很低效。

同理，如果你一个句子一个句子地阅读，就比一个词一个词地阅读理解起来效率更高。从理解的角度来看，逐字逐词阅读没有逐句阅读理解更好。所以，提高理解能力要求我们加大阅读的“宽度”。

8.3.4.1 增加一眼阅读字数

如何加大阅读的“宽度”呢？我们可以通过不断增加“一眼”看到的字数来练习。比如，也许你开始时一眼可以看到 2 个字，慢慢增加这个字数，增加到 5 个字、7 个字、9 个字。这种练习叫作“视距练习”。

在视距练习过程中，需要调整你的眼睛和书本之间的距离，来实现最佳视距。距离所看对象越远，你一眼看到的内容就越多。反之，距离所看对象越近，看到的内容就越少。通过调整眼睛与书本的距离，实现一个最佳的平衡。在阅读过程中，最好用一个辅助的直尺从上盖住读过的部分，指引眼睛的阅读方向。另外，盖住读过的部分还可以避免不必要的“回读”，就是避免重复阅读读过的内容。回读是一种很不好的习惯。回读产生的原因，就是还没有理解读过的内容。

8.3.4.2 定时

当你给自己的阅读定下时间的时候，可能会产生一些焦虑，总觉得后面有什么东西在“追”着你阅读。这种适度的焦虑对提高阅读速度帮助很大。它可以让你更加专注于阅读。当然如果焦虑过度就会适得其反。有些人如果定时阅读，可能导致过度焦虑，反而不能达到提高速度的效果。而对于那些喜欢挑战自己的人，定时可以让你不断打破自己的阅读速度纪录，产生阅读的驱动力。

8.3.4.3 避免阅读过程中的干扰

阅读时要避免任何能够影响你阅读的听觉以及视觉干扰，包括电脑、电视、手机以及其他可能的听觉和视觉干扰。任何干扰都会影响阅读效率。另外，来自身体内部的干扰也会影响阅读速度。比如，担心别的事情，身体的不舒服，情绪的问题，等等。当你心情不好的时候，不适合阅读。如果一定要阅读，可以安静呼吸 5 分钟再开始。

8.3.4.4 阅读速度参考

下列阅读速度供参考。

200~250wpm（每分钟字数），是 12 岁左右孩子的阅读速度。

300wpm，是大学生平均阅读速度。

450wpm，是大学生略读速度。

600~700wpm，是大学生扫读找关键词的速度。通常人们经过训练以后按此速度可以理解 75% 的内容。

1000wpm，是速读专家的速度。多数人在这个速度下无法有效阅读。

当然，阅读字数还受到阅读内容的限制。读容易理解的内容，速度可以快一些，读不好理解的内容，速度可能会慢下来。

练习提高阅读速度的方法：选择一段文字，计算好文字数目，用一个计时器来计时。

8.3.4.5 避免默读和念出声

有些人阅读速度慢，是因为习惯于念出声或者默读。所以要练习用不默读以及不念出声的方法来阅读。如何实现呢？有一个小技巧，即稍微提高你的阅读速度。提高速度到你无法用默读以及念出声的速度跟上你的阅读速度为宜。

8.3.4.6 用手指做“加速器”

阅读过程中，可以用食指在文字下方从左向右有节奏地划过，眼睛跟着手指的节奏阅读。这样做的好处是给你的阅读一个节奏，逼着你跟着手的节奏阅读。当然，你的手指的划动速度不能太快，只要稍微快过你读出声的速度就好。

8.3.5 提高阅读理解能力

8.3.5.1 速度与理解的平衡

速度跟理解有时互相矛盾，当你的阅读速度太快时，理解能力会变差，而速度太慢又会影响效率。两者如何平衡，是阅读过程中需要解决的问题。

我们要有一个概念，阅读不需要100%地理解。因此，在阅读过程中，可以采用“变速”阅读。在重要的部分可以适当放慢速度，而在不重要的部分，就可以快速阅读。哪里重要，哪里不重要？前面的“略读”和“浏览”部分中已经说过。

在阅读过程中需要自己体会理解程度与阅读速度的相对关系。不同的人可能各不相同。刚开始的时候会不习惯，总是想搞明白所有的词汇、概念、句子。要调整这个习惯，阅读的时候不要被“卡住”，要顺畅读下去。如果阅读一本书的时候发现自己经常卡住，说明这本书的难度不适合你，或者这本书的概念以及结构体系对你来讲过于陌生。这时候有两种选择：一种是另外找一本比这本书更浅一些的书来读，另一种是你可能需要彻底慢下来阅读，一点点“啃”这本书。

通常阅读的过程中，速度和理解的关系是：速度要稍快于理解力，也就是说，当我们的眼睛已经看过去的时候，可能还没有完全理解内容，速度要带着理解走。通过上下文的关系和前后段落的关系，你读到后面，可能就会理解了前面的内容。我们会为了理解而降低阅读速度，为了效率而提高阅读速度，这两件事情永远处于矛盾的焦点。如果在一条布满各种坑和石头的路上练习驾驶，车永远开不起来。这就好像在读一本难以理解的书，很难提高阅读速度。所以，可以先在平坦的大路上用更快的速度练习驾驶，也就是说，可以先阅读容易理解的书，提高阅读速度，再去复杂的路况练习技术，通过跟内容理解相应的阅读速度来提高理解能力。把练习阅读速度和练习理解能力分开进行。在练习阅读速度的时候，可以适当降低理解能力，目的是养成一个新的习惯，让你更快地理解更多。否则就会为了理解而卡壳，导致无法实现更快的阅读速度。

有一个词叫“合意困难”，意思就是要学习合适难度的内容。太难了无法理解；太简单就没有了效率。

8.3.5.2　找到段落的主题句

每一本书、每一个章节、每一个段落都有重要的内容。要想提高对内容的理解能力，需要你快速找到相应的重点。比如，段落中有主题句，需要先找到主题句，进而找到段落的主题内容。我们在“略读”部分讲过，通常一个段落的主题会在开头，但是也并不绝对。因此，要在阅读过程中发现作者的写作习惯，快速找到每一个段落的主题句，快速对段落进行深入理解。当我们发现第一句不是主题的时候，很可能第二句就是主题了。一旦找到了主题句，这一段的内容就算读完了。所以要提高阅读速度，你需要锻炼找到段落主题句的能力。找到段落主题句的技巧，是在阅读这一段的时候给自己提出问题：作者在这段文字中想告诉我什么？这个“什么”就是段落的主题。

8.3.5.3 提高大脑中的词汇量

理解能力与你掌握的词汇量呈正相关。你的词汇量越多，理解能力就越强。如果一篇文章中的大多数词你读不懂，那么这篇文章阅读起来会很艰难。如何提高词汇量呢？要给自己的阅读增加动力，也就是说，如果想让自己读下去，就需要选择适合你的阅读水平的书。所谓适合阅读水平，就是书中陌生的词汇量不要太多，整本书你可以比较顺畅地阅读。这种难度的书能够增强你的阅读信心和动力，使你保持阅读的热情，同时还可以学习新的词汇。如何知道一本书是否符合你的阅读能力呢？看书之前，先随意翻到任意地方阅读，这样经过几次试读，你就能感受到这本书是否适合你的阅读能力。

8.3.5.4　为理解内容留出时间

阅读的过程不是一个持续的过程，要给阅读留下“发酵”的时间。在这个时间段里，你读过的内容会在大脑中跟你已有的知识互相影响。在阅读过程中有不理解的部分，通过这段时间可能就理解了。所以，有些阅读效率方面的书籍会告诉你，不要一下子用大块时间比如几个小时来阅读，要学着把时间分割，比如以半小时为一个单位来阅读。这样的好处就是给理解留出空间来。当然，分割时间时要注意不要把时间撕碎。也就是说，不要把时间分成太小的时间段。时间段太小就变成碎片化时间，而碎片化时间只能用来阅读某些特定的内容，反而不利于理解。

8.3.5.5　感官立体化理解

我们在前面提到，高效阅读的时候不要出声，也不要默读。但是在理解的时候，我们却要用各种可能的感官刺激来提高理解能力，如听、看、写、说等。所谓听，就是通过听觉器官来接收书本的信息，可以听别人朗读的声音，也可以自己读出声。而看就是用眼睛阅读了。写则是用笔把感受写下来，或者摘抄原文。说就是大声念出来。通过这些刺激来全方位立体获得书的信息，在头脑中进行信息加工。由于不同的人擅长的接收信息方式各不相同，有人看书更容易理解，有人听书理解得更好。使用不同的方式，找出最适合自己的信息接收方式，达到最佳理解效果。

8.3.5.6 了解背景知识

对一本书的背景知识了解越多，就越能构建更丰富的关于这本书的框架，也就越容易理解一本书的内容。如果怕麻烦，不去寻找这些背景知识，本来以为能够省时间，实际上反而更影响阅读的速度，耽误时间。

8.3.6 如何正确标记

初读一本书的时候，最忌讳在书上过多地标记，这样做不仅会影响阅读的速度，而且会把很多并非重点的地方也给标记起来。等到再看的时候，这些标记的地方缺少参考价值，浪费时间。而且人类在认知上有一种错觉，会把标记的段落当成已经记住了的。那么，如何在阅读过程中正确标记呢？

如果是阅读纸书，可以使用折角法。这种阅读方法来自日本著名的阅读专家奥野宣之。

- 在阅读过程中看到重要的地方，就把这一页的上角折起来。读完一遍以后，第二遍只读折角的书页。
- 如果第二遍仍然觉得很重要，就把下面的角也折起来。
- 在读第三遍的时候，只阅读折两个角的书页，这一遍进行重点标记。

运用这种阅读方法时要非常“珍惜”标记的机会，保证你标记的一定是要学会的内容。此后，你可以根据标记的地方做摘抄和写笔记。根据我们前面讲到的“浏览”和“略读”，折角应该在这两个阶段进行。

如果阅读的是电子书，通常可添加电子书签。在你认为重点的页面加上电子书签，再读的时候只读这些电子书签。此时如果觉得有必要就保留书签，如果觉得没用就删除书签。读第三遍的时候，可以做电子标记。不同的电子书有不同的电子标记方法，有些是画线，有些是改变颜色。最后做电子笔记或者手写笔记。电子笔记，就是在你标记的地方直接用手机或者电脑输入你的笔记。在做笔记摘录的时候，最好合上书进行摘录。你会发现一个有意思的现象，一合上书，你可能就不记得要摘录的内容了，或者你摘录的内容与书上的内容会有不同。明明你觉得自己已经完全理解了这段文字，为什么会这样？这就是你以为你知道的东西和你实际知道的东西之间的差距。大多数人读书后，可能其实只是以为自己理解了，而不是真的理解了。判断自己是不是理解了的最简单方法，就是读完以后合上书，在大脑中检索一遍，看看自己能想起多少，然后对照书看看有多少出入。

使用电子书的一个好处是在整理方面会有一些便利。可以方便地通过搜索找到相关文字段落，还可以自动把你的笔记同步到笔记软件如印象笔记中等。如果你使用的是苹果电脑，搜索功能会更加强大。目前，多看阅读就支持自动把标记的段落和电子笔记同步到印象笔记中。瓣读软件也支持把豆瓣上的笔记同步到印象笔记中。

使用电子书最大的害处就是容易让人变懒。习惯于用复制粘贴的方式，不动脑子，产生“学会”的假象。

8.3.7 提高阅读的专注力

专注是整个阅读过程中最重要的能力。只有专注才能更加深入理解阅读的内容，才能更高效地利用有限的时间。保持阅读过程的专注并不是一件容易的事情，因为我们的大脑特别容易分心，而我们周边的环境也有太多干扰让我们分心。

我们在前面讲过的冥想，是锻炼“专注力肌肉”的最好方法。冥想能够把专注变成习惯。

运用科技手段来保持专注也是很好的方法，如利用手表的提醒功能。当我们想要进入专注状态时，可以把手表或手环设置成每两分钟提醒一次，这样就能够持续保持我们的专注状态。

关闭手机的提醒和通知，可以避免手机干扰我们的读书状态。手机上可能会安装几十个甚至上百个 App，这些 App 都想吸引你的注意，不断地向你发送各种通知和提醒，而这些提醒几乎没有哪一个是必须立刻回复的。然而我们很多人已经习惯了这些提醒和被干扰。如果关闭提醒甚至可能产生不适，所以关闭通知可能也有一定的困难。我们可以通过第七章的习惯养成方法来改变坏习惯。

适当提高阅读速度会让我们的阅读更专注。当阅读速度提高，我们必须保持一定的专注才能理解书上的内容。速度的提高有一定的限度，这个限度就是速度要以保证理解为前提。

有目的地阅读能够提高专注力。在阅读过程中，如果我们已经有了一个核心目标，我们就有了专注的对象，就更能够进入专注状态。

疲劳会导致注意力涣散，所以在阅读的过程中要学会适当休息。通过有节奏的休息，恢复身体状况，重新进入专注状态。

8.3.8 阅读笔记

深度学习的阅读笔记要以“自我”为中心而不是以书的结构为中心。当然，也有可能书的结构恰好与你想要的一致。阅读笔记要能回答你在读书过程中心中的各种疑问，所以笔记是你的问答集。笔记回答了你在读书过程中的所有问题。笔记不是简单抄录的结果，而是你思考的结果。

在阅读过程中，根据你的目标、你希望从书中得到什么，在书中收集相关问题和答案。问题可能是概念、理论、方法等。如果有可能，在知道答案之前，先看看能不能自己给出结论。把问题的答案用你自己的语言记录到你的笔记中，不要照抄书本的内容。

8.4 阅读的规划

当拿到一本书时，需要规划一下要投入的时间，以及这些时间的分配。因为我们的时间有限，而已出版的书浩渺无边。

通常一本书要按照阅读三遍来规划时间：

第一遍：略读与浏览，找到关键。这一遍要用大概总时间的5%~10%，进行简单标记。

第二遍：认真研究第一遍阅读遇到的关键点，解决问题。可以在书上做标注和笔记。这一遍大概要用总时间的70%~80%。

第三遍：根据第二遍阅读的标注和笔记来做笔记。笔记一定要用自己的语言来写。除非是书上的金句，你想摘录后将来引用。

最后把笔记整理到你的知识框架中。比如，你看了一本时间管理方面的书，就可以把这本书的内容整理到你的时间管理体系中，丰富你的时间管理体系。

8.5 本章总结

本章我们介绍了深度学习需要的阅读技术。

选书时要先了解作者，要找到书对你的价值。

阅读时要有阅读的意识。要考虑阅读环境的影响。阅读要有仪式感。随意躺在沙发或床上看书，会严重影响阅读效果。阅读意识还包括要有目的地阅读。阅读过程中要意识到哪里是重点，有节奏地阅读。在重点的地方放慢速度，而在非重点的地方可以加快速度。阅读时还要意识到身体的状况，在合适的健康状态下高效阅读。

深度学习还要掌握一定的阅读技术。要从总体把握书的结构框架。可以通过阅读书的序言、目录、每一章的开头结尾以及通过了解作者来发现。

通过略读和浏览，找到一本书的重点地图。根据重点地图，可以找到一本书中你最关心的内容。

通过提高阅读速度和提高阅读理解能力，来提高阅读效率。

在标记的过程中要节制，不要大段摘抄和标记。要以自我为中心来记笔记。笔记要解决你的问题，找到问题的答案。

做好阅读规划，一本书要规划和分配时间。通常一本书要读三遍。

阅读时要保持专注。专注才能实现深度学习。

8.6 行动指南

确定一本书是否值得阅读，了解作者和书的概况。

锻炼阅读意识，包括：

- 环境。
- 仪式感。
- 目的感。
- 身体感觉。

- 重点意识。
- 节奏意识。

掌握阅读技术，包括：

- 如何了解框架。
- 找到重点地图。
- 学会略读和浏览。
- 提高阅读速度和理解力。
- 学会标记。
- 学会正确地记笔记。

要做好阅读规划，采用三遍阅读法：

- 第一遍：略读、浏览。
- 第二遍：研究理解重点。
- 第三遍：用自己的语言记好笔记。

第三部分

深度学习需要高效利用时间

第九章　深度学习与时间管理

9.1　为什么深度学习需要时间管理

任何学习都需要时间来完成，而深度学习更是需要高质量的时间。深度学习的时间管理，实际上就是找到学习者的黄金时间，并把黄金时间专注地投入深度学习中。那么，什么是黄金时间呢？

9.1.1　什么是黄金时间

我们每天都有 24 小时的时间，也就是 1440 分钟。在这 1440 分钟里，大脑的状态并不相同。其中状态最好的时间、最适合学习的时间，我们叫它“黄金时间”。

人每天的状态变化有着一定的规律。很多科学家在研究人类大脑每天的状态变化规律。比如，康奈尔大学社会学家迈克尔·梅西（Michael Macy）和斯科特·戈尔德（Scott Golder）研究了84个国家的240万名用户在长达两年的时间跨度里发布的5亿条消息，把这些消息放到文本分析程序LIWC（Linguistic Inquiry and Word Count）中，评估信息传达的情绪。他们研究发现，无论是白种人、黄种人还是黑人，无论在人口多的国家还是人口少的人家，人们的情绪随时间的变化呈现相似的模式，都呈现出两个波峰一个波谷的状态。早晨情绪不错，到中午逐渐下降，到晚上的时候又上升。

赫尔曼·艾宾浩斯也得出关于记忆的规律。他发现，人在早晨的时候比晚上的时候记忆力更好。

那么，记忆力的差别或者状态的差别有多大呢？牛津大学神经科学家和时间生物学家拉塞尔·福斯特（Russell Foster）认为，人的认知水平在一天中最好的时候和最差的时候相差的程度相当于一个正常人和一个饮酒过量的人的差别。

心理学家根据人的大脑状态，把人分成三种类别：晨型人，也叫云雀型人；夜型人，也叫猫头鹰型人；综合型人。根据名称，我们不难看出三种人的特点。晨型人是早晨状态很好的一群人，这类人的黄金时间就在早晨以及上午。而夜型人的黄金时间大致在晚上，综合型人的黄金时间则没有那么清晰。

不过，现在由于手机的影响，很多人在晚上会看手机看到很晚，然后第二天就起不来。这类人并不一定就是夜型人，他们只是被手机绑架而已，所以这类人应该叫“伪夜型人”。他们只有维持自己正常的睡眠状态，才能够知道自己到底是哪一种类型。

由此看来，黄金时间的价值意义重大。如果你在非黄金时间去深度学习，效果一定会大打折扣。

9.1.2 专注于黄金时间

要想充分利用时间进行有效的深度学习，就要找到黄金时间，然后专注于黄金时间，把黄金时间用到深度学习中。也就是说，仅仅找到黄金时间还不够，要专注于这个时间。

日本的一家眼镜公司“睛姿”发明了一种眼镜，可以测人的专注力。在 2016 年，通过对 5000 人的跟踪测试发现，大多数人专注力最好的时间是在早晨的 6 点到 7 点。如果对晨型人来说，把早晨的 6 点到 7 点充分利用起来去进行深度学习，效果一定会非常好。

在现实生活中，很多人发现自己没有时间，又不知道时间都去哪儿了。为什么会产生这种情况呢？

9.2 为什么我们总是没有时间

我们大多数人的日子过得匆匆忙忙的，从早晨起来到上床睡觉，好像背后有一只手在推着，整个人忙到停不下来。如果你问忙的是什么，好像也没干什么。产生这种感觉是因为“自动行为”。

9.2.1 自动导致浪费时间

欧洲工商管理学院（INSEAD）教授特奥·康普诺利（Theo Compernolle）在他的《慢思考》中提到：一个人从早晨醒来到晚上睡觉，他行为的99%甚至99.9%都是自动完成的。如起床、洗脸、刷牙、吃饭、上班工作等。自动完成源于我们在日常生活中养成的习惯。这种习惯的养成，源于人类长期进化过程中对大脑的保护。我们通过不经过思考的自动行为来保护身体有限的能量。

自动是一把双刃剑，它能够防止身体能量的过度消耗，但是，很多自动行为因为是无意识的，所以缺乏实际的效率。换句话说，自动让我们不能够专注于某一个我们想要达成的目标，而把时间耗费在很多琐事上。想一想，当你要学习的时候，忽然觉得渴了，于是去喝水，喝水的路上经过冰箱，想到冰箱里有一块蛋糕，而你特别喜欢吃蛋糕，于是你把蛋糕拿出来，放到桌子上，看到桌子对面的电视机，顺便打开它，心想反正要吃东西，再看一会儿电视新闻也不错。当你打开电视，发现在播广告，换了一个台，发现演的是一部你喜欢的电影，于是你被电影吸引，直到看完。时间就这样过去了。

我们每天的行为有99%是自动完成的，这些自动的行为中，有一部分是必须做的，但是更大的部分并非必要，而是一种时间的浪费。所以要管理时间，就要控制这些自动行为。如何控制和避免自动行为呢？

自动行为的产生源于缺乏自我意识。也就是说，当我们在做一件自动的事情的时候，并没有意识到我们的自动行为。比如，当我们生气的时候，我们没有意识到自己在生气。生气是我们受到某种刺激后的自动反应。如果意识到自己在生气，生气这件事就没那么严重了。所以，避免自动行为，需要我们有自我意识。那么，怎样才能有自我意识呢？

我们在前面第三章讲过的冥想，是一种很好的自我意识锻炼方法。最简单的呼吸冥想就是关注自己的呼吸，当走神的时候，如果自己意识到了，就重新把注意力放到呼吸上。这关注呼吸、走神，再回到呼吸的过程，就锻炼了我们的自我意识。每天拿出一点时间如 5 分钟、10 分钟来练习，就能强化自我意识，发现自己的自动行为。

另外一个发现自己自动行为的方法是提醒。用手机或者苹果手表为自己建立每小时的提醒。这样每小时你都能问问自己现在在做什么。著名的一行禅师把这种提醒叫作“正念的铃声”。

想要设置每小时提醒，用手机自带的提醒可能比较麻烦。你可以选择一款手机软件“计时器 +”，这款软件可以按照你的设定在每一个时间段提醒，比如，你可以设置为每 5 分钟提醒，也可以设置为每小时提醒。因为手机跟手表互联，所以在手机上设置的提醒，在手表上表现为震动。

9.2.2 没有安排时间

人们习惯上总是认为自己有很多的时间，尽管实际上我们一辈子只有3万多天，有些人甚至更少。疾病、意外等都会让时间变得不确定。有些人晚上看电视、看手机到很晚，觉得好像晚上的时间很多，都是自己的。殊不知，如果晚睡，必定影响第二天的起床。晚睡是以牺牲第二天的状态为代价的。

当我们觉得时间很多的时候，就很容易不去安排时间。不安排时间的结果是最后到了睡觉前才发现该做的事情还没有做，该念的书还没有念。所以安排时间对于一个想要深度学习的人至关重要。

9.2.3 捍卫时间

安排时间以后不按照计划去做又是大多数人的习惯。最典型的例子就是新年计划。每到新年将近，人们纷纷开始信誓旦旦地设立计划，想要痛改前非。但是没几个月，这个计划就停下来了。人们购买各种时间管理软件、各种项目管理程序，然后做一个看上去很漂亮的计划，但是就是不能按照计划执行。哪怕是一个一天的计划，也会有完不成的现象。这就是没有捍卫时间的情况。

9.2.4 找到时间的漏洞

我们之所以觉得没有时间，归根结底还是把时间用到了别的地方。究竟用到什么地方了呢？管理大师德鲁克说："有效的时间管理者，并不是从计划开始，而是从时间安排上着手，认清自己的时间用在什么地方才是起点。"同样的时间长度，你和一个讨厌的人在一起会觉得度日如年，而和一个喜欢的人在一起会觉得光阴似箭。心理学上的研究发现，把一个人关到没有光线的房间，他很快就丧失了对时间的感受。很多人忙忙碌碌一天下来，感觉好像什么都没干，时间却都不见了，可见我们对时间的感受有多么主观。如何打破这种现状呢？几乎所有的时间管理专家都提出"记录时间"的概念。俄国的柳比歇夫从26岁开始，60年如一日地记录时间、统计时间，完成了70多部学术著作，内容涉及昆虫学、科学史、农业遗传学、植物保护、进化论、哲学。对我们普通人来讲，记录时间，尤其是记录那些我们浪费的时间，是找到时间漏洞的关键所在。但是，记录时间这件事说说容易，如果你尝试过就知道有多难了。难度也恰恰在于我们平时的自动的生活和那些不假思索就采取的自动的行动。如何打破"自动"这个魔咒呢？

提醒

如果忘记记录时间，提醒自然就是一种选择。我们在前面提到的用手机和手表进行提醒，就是一个不错的解决方案。设定每小时提醒一次，至少就知道每小时自己在干什么了。在此我推荐一个时间记录软件“a Time Logger 2”，这款软件在苹果系统和安卓系统上都有。它可以把你的时间提前进行分类，然后根据当时所做的事情，按下相应的按钮，就会自动记录你在做的事情的时间。这个软件也能够设定每小时提醒一次的频率，也可以和苹果手表互联，在手表上通过震动提醒你在干什么。

提醒更重要的价值是能够让我们每一小时都停下来想想，我们在做的事是否是我们想要做的、计划做的，还是毫无目标方向的。乔希·戴维斯博士（Josh Davis）提出了一个“抉择点”的理念。他说：“只要你开始一项任务，基本上会处于自动工作的状态，这样就很难改变你的工作方向。因此，要利用好不同任务交接时的那一刻——在这个时候，你能够选择下一步该做什么，然后把精力放到接下来最重要的任务上。”也就是说，当我们利用设备（手机、手表）提醒自己的时候，恰好可以利用这个时间想一想，我们下一步想要做的究竟是什么。通过这样的自我反省和思考，重新回到我们规划的轨道上。

使用时间记录软件很容易陷入一个坑，就是事无巨细地设置类别。比如，把吃饭、穿衣、上厕所、收拾东西这些都变成一个个详细的类别毫无必要。这样记录下去很快就会让人崩溃，记录的时间可能比工作的时间还多。所以，使用时间记录软件，要采用极简主义的态度和有针对性的方法。极简主义的态度，就是尽量减少记录的类别。吃饭、穿衣、洗漱等其实可以变成一个类别，叫“个人整理”。个人整理的类别还可以扩大，比如凡是跟自己有关的日常行为，都可以用这一项来记录。而针对性的方法就是通过初期的记录发现浪费时间的地方，专门针对这些地方设置类别来进行记录，集中突破。

使用时间记录软件来提醒还会遇到一个问题，就是“不信任提醒”。什么是“不信任提醒”？就是在提醒到来的时候对提醒熟视无睹，习惯了提醒的感觉，觉得稍微推后一点也没关系，这样慢慢无视这些提醒。无视提醒的害处是让提醒完全失效。正确的做法应该是对每一个提醒都认真对待，一旦被提醒，马上停下来。这是关键。

通过记录时间，我们肯定会发现大量被我们浪费的时间以及我们把本来精力很好的时间用到了无聊的事情上。每一个人的时间并不比别人的少，当然也不会多。找到时间漏洞，才能谈如何使用这些时间。

9.3 找到你的黄金时间

黄金时间是一个人一天中状态最好的时间。找到这个时间段，用到最有价值的事情上，比如用到深度学习上，就实现了最高级别的时间管理。

有一种找到黄金时间的简单方法，是德国科学家蒂尔·罗恩内伯格（Till Roenneberg）发明的，可以判断一个人是晨型人、夜型人还是综合型人。如果能够判断一个人是哪种类型的人，自然也就能够大致知道他的黄金时间在什么时候。这个判断的方法如下：

1. 回答你在不工作的日子自然的入睡时间。

2. 回答你在不工作的日子自然醒来的时间。

3. 计算这两个时间之间的中点时间，确定你是哪种类型的人。

如果中点时间在0点到下午3点之间，你就是晨型人。

如果中点时间在下午3点到6点之间，你就是综合型人。

如果中点时间在下午6点到第二天0点之间，你就是夜型人。

据统计，晨型人在人群中占14%，综合型人占65%，夜型人占21%。晨型人和综合型人占人群总数的80%左右。实际上，人的类型也在变化。研究发现，从年龄看，小孩更多是晨型人，而老年人更多是夜型人。从性别看，女性更多是晨型人，而男性更多是夜型人。蒂尔·罗恩内伯格发现，抛开年龄性别因素，更多的人是综合型人。

研究发现，人们的每天的状态会以从波峰到波谷再到波峰这样的趋势变化。

日本记忆协会会长、4年连续获得日本记忆冠军的池田义博说，人每天记忆最好的黄金时间段有两个：早晨起床后到上午10点前；下午4点后到晚饭前。

如果想要获得更详细准确的数据，我们可以通过记录每天不同时间的状态，来发现自己的黄金时间。比如，从早晨6点开始，到晚上11

点之间，记录你每小时的状态。保持一周的统计，然后进行统计分析。具体统计内容如下：

你做的事是什么？

你的大脑的敏捷状态：

1 2 3 4 5 6 7 8 9 10（你自己评估一个值）

你精力的充沛状态：

1 2 3 4 5 6 7 8 9 10（你自己评估一个值）

每小时做这三项统计。

然后以时间为横轴，以状态为纵轴，可以画出两条曲线，一条是大脑敏捷曲线，另一条是精力充沛曲线。

这两条曲线的波峰，就是你的黄金时间。通常这两条曲线表现为出现一个波峰，然后是一个波谷，然后再出现一个波峰。

找到黄金时间以后，剩下的就是充分利用这个黄金时间，进入专注状态，做最重要的事，比如深度学习。那么，如何在黄金时间保持专注呢？

9.4　在黄金时间保持专注

没有专注，就无法进入深度学习的状态。或者可以这样讲，不专注，只能处在肤浅学习状态，无法深入下去。因为深度学习需要解决难题，而难题需要一定专注的思考时间，需要进入状态。我们生活中的大多数时间处于非专注状态。

9.4.1　如何保持专注

要想专注地利用黄金时间，就需要保持专注。如何保持专注呢？首先要排除干扰。干扰是专注的大敌。

也许对大多数人来说，最大的干扰来自手机。手机上有各种吸引你的内容，这些内容大多出于商业目的。营销专家绞尽脑汁设计了一些内容，让你欲罢不能。这就是所谓的眼球经济。在几寸大小的屏幕上，要抓住你的注意力，自然要费一番功夫。

如果你使用的是苹果手机，你可以很容易发现手机究竟对你干了什么。苹果手机有一个功能，就是实时监控你使用手机的情况，如拿起手机多少次，每一款软件使用的时间。这个屏幕监控功能还能够为你提供一周来你的手机使用情况。根据这个统计，你就可以知道究竟你用在手机的时间是多少以及如何使用你的手机。

一个人最重要的资源有两个：注意力和时间。当你的注意力被一个事物占据的时候，你的时间同时也就被这个事物吃掉。手机就是这样一个能够同时吃掉你的注意力和时间的科技产品。那么，究竟怎样才能排除手机的干扰呢？

我在网络上看到，有人删掉了一些应用，比如微信，然后过了一段时间又装上，再删除，再装上，就像戒烟一样反复。删除的时候一定有很充足的理由，重新安装时也一定认为是非常必要的。但是这种安装和删除的反复就能说明点问题了。这说明在大脑中，对于什么才是重要的并没有一个清晰的概念。

杰克·纳普（Jake Knapp）是谷歌公司设计 Gmail 的工程师，也是《创造时间》和《设计冲刺：谷歌风投如何 5 天完成产品迭代》的作者。尽管他是一名计算机工程师，但也存在被手机困扰的问题。他也曾采用删除程序的方法来躲开手机的干扰。删除程序是一个痛苦的决定，但是确实有效。

删除手机 App 后，你可以选择用电脑来看同样的应用。实际上，在电脑上看文字更方便、更清晰。微信公众号文章、微博文章、今日头条的文章等都能够在电脑上看。如果你担心没事干、没什么可看的内容，其实完全可以选择看看书、听听音乐。

手机软件上的推送都是那些深刻了解人的大脑行为习惯的科学家以最大化吸引眼球的目的设计的。所以，当你拥有一部手机，实际上你也就不可避免地陷入困扰中。当你在朋友圈发出一个状态后，过了1分钟，你可能会拿起手机看看是不是有人回复了。再过1分钟，你又拿起了手机。这是一个下意识的行为过程。这个过程中，你的注意力被手机吸引，你对时间也没有什么概念。既然这种手机App的设计是通过研究人性本身进行的，那么想要摆脱这种困扰，就需要从人性本身进行改善。如果我们能够意识到我们在干什么，可能就少了很多问题。我们之所以频繁接触手机，完全是被下意识"劫持"。什么方法能够让人有更多的自我意识呢？冥想不失为一个解决之道。通过冥想的练习，能够不断通过专注和走神的来回切换锻炼自我意识的能力。具体请参考第三章的内容。

手机App抢夺人的注意力的主要方式之一是通过提醒。当你的手机响起提示音、震动，或者在你的手机屏幕上App图标的右上角有了一个小小的红色数字，上面显示的是你没有查看的信息数时，这些内容会触发你打开相应的App。如果不删除程序，你还可以尝试选择下面的方法：

- 关掉所有你不想听到的App的铃声提示。
- 关掉手机App的震动提示。
- 关掉App图标右上角的数字提示。

关闭这些提示，就切断了手机App到你的大脑的部分通路。

很多人的手机屏幕上是满屏的App，看上去很吓人。如果想要减少手机的干扰，减少每一屏的内容是一个好办法。杰克·纳普就建议手机首屏要干干净净，只留下几个必要的工具，这样会减少很多干扰。然后从第二屏开始，每屏不超过两行 App。

让手机屏幕变成黑白色，也是一个减少手机干扰的方法。因为五颜六色的手机 App 图标本身就是一种诱惑。在苹果手机的设置上，很容易实现这个功能。

如果想要使用手机应用，可以用搜索的方法，而不是把 App 放到屏幕上直接按。越是方便，就越容易产生下意识动作。越是不方便，就越容易意识到自己在做的事。当我们直接按一个 App，更容易是下意识的行为。而在按 App 之前加上一个搜索的动作，就会让我们稍微停下来，产生自我意识，意识到自己在打字，自己在搜索，思考要不要打开。很多人有一种看到屏幕上的按钮就想按的习惯，甚至不知道这个按钮究竟有什么用。这就是因为太方便了，很容易习惯性地去按。

尽管我们很想摆脱手机的困扰，但是往往无法摆脱手机上那些吸引人的内容。这种两难的境地特别容易导致焦虑的产生。手机浪费了我们大量的时间，影响了工作生活，甚至影响到找男女朋友，于是我们对自己失望，觉得自己无可救药。这种焦虑反而导致更多通过看手机上的内容来排解焦虑的行为，仿佛通过鸦片来缓解对鸦片的瘾。这时候，需要对自己更加耐心。当时间已经浪费了，接受这种事实，调整自己的状态，回到正常的轨道上来。这种思想就是冥想的思维方式。冥想也是一种培养耐心的好方法。通过冥想练习，让你能够接受当下的自己以及过去的自己。耐心对待自己，看清自己当下的状况，采取正确的行动。其实我们不是不知道什么是正确的行动，我们只是下意识地采取了错误的行动。

9.4.2 如何把专注用到深度学习

没有专注就没有深度学习。要把专注用到深度学习上，还需要一些技巧。

9.4.2.1 留出时间

当我们找到了每天的黄金时间，还要把时间留出来。很多人经常不知不觉就把黄金时间浪费掉，就是因为没有留出这个时间段，没有保护好这个时间。保护黄金时间需要通过两个策略：提醒和关闭干扰。

提醒，就是在黄金时间的时候在手机、电脑或手表上设置各种可能的提醒。在日历上做标注，建立提醒事项。告诉自己在这个时间段要做最重要的事。

抗干扰，就是关闭各种干扰，包括手机的各种铃声、短信微信等。养成在最好的时间做最重要的事情的习惯。

9.4.2.2 分配时间

留出了黄金时间，还要善于分配时间。科学利用时间的方法，就是在你的大脑还没有疲劳的时候就及时休息，让大脑保持在最佳状态。

日本记忆专家池田义博给出的时间分配方法是学习 15 分钟，休息 5 分钟。这种分配主要针对记忆。池田义博特别强调要设置休息提醒，因为很多人一休息就忘了去学习。

跟池田义博类似，日本的时间管理专家桦泽紫苑给出了 15 分钟—45 分钟—90 分钟这样的时间节奏。

在日本，做电影同声传译的演员，每一位每次最多翻译 15 分钟，然后再让下一位演员进行翻译。因为人一次保持专注峰值状态的时间最多是 15 分钟，古典音乐每小节也是 15 分钟左右。我们发现，两位专家同时给出 15 分钟的时间绝非巧合。

45 分钟是 15 分钟的 3 倍，同时也是一堂课的时间。有经验的老师通常在课堂上不会讲满 45 分钟。他们都会在中间适当休息，比如讲 15 分钟、休息 5 分钟。

我们注意到，大多数电视剧每一集在 45 分钟左右。

对于需要时间较长的工作，可以用 45 分钟时间来做。当然中途也可以适当休息。番茄工作法每一个时段是 25 分钟，这个时长是一个折中的数字，比 15 分钟稍长，比 45 分钟又短一些。

90 分钟是一场足球比赛的时间。同时还是两个 45 分钟。另外，科学家发现人体有一种生物钟节奏叫“亚昼夜节奏”。这个节奏也以 90 分钟为一个周期。这个规律表现为人的清醒程度以 90 分钟为单位变化。清醒的 90 分钟和产生倦意的 20 分钟交替进行。所以利用这个规律，我们可以把时间分成 90 分钟为一个单位来解决需要长时间处理的问题。

美国的员工效率监测公司的统计数据表明，那些效率最高的员工的时间使用黄金比例是 52∶17。也就是说，工作 52 分钟，休息 17 分钟，这种比例下的工作效率最高。这个数值也可以作为一个参考。

科学分配时间可以让专注持续，提升专注的“体力”，获得更好的深度学习效果。

9.5 本章总结

本章我们探讨了深度学习的时间管理问题，引入了一个“黄金时间”的概念。围绕黄金时间，我们探讨了黄金时间的价值，分析了浪费时间的因素，找到了时间的漏洞。从寻找黄金时间、安排使用黄金时间、捍卫黄金时间以及如何在黄金时间保持专注等方面来讲述。

黄金时间就是一天中身体状态最好的时间段。

通过统计一天的时间，精确找出自己的黄金时间。

找到黄金时间后要保护你的黄金时间不被浪费。排除各种干扰。

在黄金时间段要保持专注，才能高效利用黄金时间。

在使用黄金时间的过程中要学习有节奏地休息，比如使用 15 分钟—45 分钟—90 分钟的方法，比如 52∶17 法。

9.6 行动指南

利用统计表格找到自己的黄金时间。

在黄金时间保持专注，高效利用黄金时间。

通过记录时间，找到时间的漏洞。

通过避免各种干扰，捍卫你的黄金时间。

利用 15 分钟—45 分钟—90 分钟原则，合理利用你的黄金时间。

图书在版编目 (CIP) 数据

深度学习：如何训练成一个很厉害的人 / 张旭著 . —北京：中国法制出版社，2019.8（2024. 8重印）

（行动派—自我精进书系）

ISBN 978-7-5216-0324-8

Ⅰ . ①深… Ⅱ . ①张… Ⅲ . ①学习方法—通俗读物 Ⅳ . ① G791-49

中国版本图书馆 CIP 数据核字（2019）第 137161 号

策划编辑：杨 智（yangzhibnulaw@126.com）

责任编辑：杨 智 冯 运（fengyun1s@126.com） 封面设计：汪要军

深度学习：如何训练成一个很厉害的人

SHENDU XUEXI：RUHE XUNLIAN CHENG YI GE HEN LIHAI DE REN

著者 / 张旭

经销 / 新华书店

印刷 / 北京虎彩文化传播有限公司

开本 / 710 毫米 ×1000 毫米 16 开 印张 / 13 字数 / 135 千

版次 / 2019 年 8 月第 1 版 2024 年 8 月第 2 次印刷

中国法制出版社出版

书号 ISBN 978-7-5216-0324-8 定价：39.80 元

北京市西城区西便门西里甲 16 号西便门办公区

邮政编码：100053 传真：010-66031119

网址：http://www.zgfzs.com **编辑部电话：010-66034985**

市场营销部电话：010-66033393 **邮购部电话：010-66033288**

（如有印装质量问题，请与本社印务部联系调换。电话：010-66032926）